INCONSCIENTE E RESPONSABILIDADE

PSICANÁLISE DO SÉCULO XXI

INCONSCIENTE E RESPONSABILIDADE

PSICANÁLISE DO SÉCULO XXI

Jorge Forbes

Copyright © 2012 Editora Manole Ltda., por meio de contrato com o autor.

Capa e Projeto gráfico: Departamento Editorial da Editora Manole
Editoração eletrônica: Departamento Editorial da Editora Manole
Foto da capa: Rachel Guedes

Dados Internacionais de Catalogação na Publicação (CIP)
(Câmara Brasileira do Livro, SP, Brasil)

Forbes, Jorge
Inconsciente e responsabilidade : psicanálise do século XXI / Jorge Forbes. – Santana de Parnaíba, SP : Manole, 2012.

ISBN 978-85-204-3390-4

1. Inconsciente 2. Psicanálise 3. Responsabilidade I. Título.
11-13822   CDD-150.195

Índices para catálogo sistemático:
1. Inconsciente e responsabilidade :
Psicanálise : Psicologia 150.1952

Todos os direitos reservados.
Nenhuma parte deste livro poderá ser reproduzida, por
qualquer processo, sem a permissão expressa dos editores.
É proibida a reprodução por fotocópia.

A Editora Manole é filiada à ABDR – Associação Brasileira de Direitos Reprográficos.

1ª edição – 2012
1ª reimpressão – 2013

Editora Manole Ltda.
Alameda América, 876
Tamboré – Santana de Parnaíba – SP – Brasil
CEP: 06543-315
Fone: (11) 4196-6000
www.manole.com.br | https://atendimento.manole.com.br/

Impresso no Brasil | *Printed in Brazil*

Este livro contempla as regras do Acordo Ortográfico da Língua Portuguesa de 1990, que entrou em vigor no Brasil em 2009.

São de responsabilidade do autor as informações contidas nesta obra.

Para Elisabeth

SUMÁRIO

PREFÁCIO IX
INTRODUÇÃO XI
Provocações psicanalíticas XI

1. O PRINCÍPIO RESPONSABILIDADE
E O INCONSCIENTE .1
1.1. Freud não responsabiliza? 6
1.2. Lacan, do acaso e da memória à repetição 16

2. A PSICANÁLISE DO HOMEM DESBUSSOLADO . . .25
2.1. *Tipping points* 30
2.2. Ser humano desnaturalizado 33
2.3. Lacan lê Freud: uma inflexão decisiva 35
2.4. O pressuposto do Complexo de Édipo 37
2.5. As três alternativas edípicas: neurose, perversão
ou psicose. 40
2.6. Da universalidade do pai edípico à singularidade da
pai-versão do sintoma 44

3. A PSICOPATOLOGIA E O FINAL DA ANÁLISE 49
3.1. Como entendemos a psicopatologia 49
3.2. A psicopatologia na história da psicanálise. 52
3.3. Primeira abordagem 53
3.4. Contraponto 54
3.5. Voltando à primeira abordagem: uma clínica
contratransferencial 56
3.6. Outra abordagem: a primeira clínica lacaniana 58
3.7. Consequências clínicas 60

3.8. A segunda clínica lacaniana 66

3.9. Algumas consequências 72

3.10. Final de análise 79

4. FELICIDADE NÃO É BEM QUE SE MEREÇA 85

5. A PSICANÁLISE EM SUA CLÍNICA 93

6. A PSICANÁLISE ALÉM DE SUA CLÍNICA 103

6.1. Medicina 104

6.2. Direito: família e responsabilidade 113

6.3. A escola autoritária, igualitária e a do futuro 122

6.4. A empresa 128

6.5. A sociedade 132

7. RESPONSABILIDADE: ESTAR DESABONADO

DO INCONSCIENTE 141

7.1. A responsabilidade psicanalítica inscrita no mundo . . . 146

7.2. A responsabilidade pela letra 150

7.3. Desabonado do inconsciente 154

CONCLUSÃO 157

Consequências 157

Considerações finais 160

Conclusão 166

REFERÊNCIAS 169

ÍNDICE ONOMÁSTICO 181

ÍNDICE REMISSIVO. 185

PREFÁCIO

*E*screvi este livro para contar como penso uma psicanálise para o século XXI. A grande maioria das pessoas ainda imagina que uma psicanálise sirva para se conhecer melhor. –"Primeiro eu me conheço e, em seguida, garantido nesse conhecimento, eu ajo". Pois bem, não me parece mais ser sustentável essa forma de compreensão, nos dias de hoje, na pós-modernidade.

Ousemos dizer que, no século XXI, não se faz análise para "se conhecer melhor"; não, ao contrário, uma análise leva a suportar o impossível de conhecer e de dar sentido ao mais fundamental de uma vida. Teremos que abandonar a ideia de que nossa ação possa se basear em uma razão garantidora. A vida é risco para quem não queira ser genérico, plastificado, irrelevante. É disso que trata a chamada "segunda clínica de Lacan", que exponho em detalhe neste livro. A uma "primeira clínica" do significante, do sentido simbólico, própria ao mundo moderno, vertical, iluminista, nos é necessário responder com uma outra clínica, a do real, além do sentido do complexo de Édipo freudiano, uma clínica compatível aos novos sintomas da contemporaneidade, a um mundo de redes, horizontal.

O título *Inconsciente e Responsabilidade* junta duas palavras que habitualmente não se frequentam, a ponto de ser comum ouvirmos, frente a um questionamento, uma pessoa se defender dizendo: -"Ah, só se foi o meu inconsciente", como se o inconsciente não fosse de sua responsabilidade. Pois bem, somos, sim, responsáveis frente ao acaso e à surpresa. Digo "responsáveis" e não culpados. E aos dois, acaso e surpresa, temos que inventar uma resposta singular. Para tanto, é fundamental na psicanálise de hoje o trabalho com a angústia que, de inibidora paralisante, passa a motor da invenção responsável.

A quem interessa este livro? Ao homem e à mulher desbussolados dos nossos dias. A todos aqueles que sentem na

IX

pele que no mundo de hoje nada é mais como já foi um dia. Não se nasce, se educa, se ama, se casa, se constitui família, se trabalha e se morre como antes. Meu colega psicanalista pode encontrar aqui matéria para suas reflexões. O aluno de medicina, de psicologia e de áreas afins da saúde pode encontrar nesta obra um caminho de formação. O jurista, o filósofo, o sociólogo, o antropólogo podem encontrar aqui muita matéria de conexão, uma vez que a todos nós o tema de uma nova responsabilidade subjetiva importa. O jornalista, o educador, o empresário podem encontrar aqui *insights* de compreensão do novo laço social em que vivemos. Enfim, quem almeja encontrar soluções, não em fórmulas padronizadas de "qualidade de vida", mas, sim, na responsabilidade por uma "vida qualificada", neste eu pensava ao escrever este livro.

Esta publicação está baseada em minha tese de doutorado em psicanálise, apresentada à UERJ – Universidade Estadual do Rio de Janeiro. Gostaria de registrar meus agradecimentos à orientadora da tese, Profa. Dra. Tania Coelho dos Santos. Aos membros da banca, os professores: Ana Maria Rudge, Claudia Rosa Riolfi, Joel Birman, Márcia Mello de Lima e Maria Cristina da Cunha Antunes. À Dra. Elza Mendonça de Macedo, pela leitura dos esboços e pesquisas bibliográficas, e à Fabiana Pinheiro Mendes, pelo apoio técnico universitário.

Caro leitor, você pode ler este livro como preferir. Do começo ao fim, ou aos saltos, motivado por sua curiosidade e ajudado pelo índice dos capítulos, como também pela lista de autores referidos ou palavras relevantes. A você, escolher. A única certeza que tenho é que só aí, com a sua leitura, este livro vai existir.

Bem-vindo!

Jorge Forbes
Rancho do Paioleiro, Pedra do Baú, fevereiro de 2012.

INTRODUÇÃO

PROVOCAÇÕES PSICANALÍTICAS

Os argumentos em que se baseia o tema deste livro e os tópicos decorrentes dele serão apresentados como "Provocações Psicanalíticas". Pretendo questionar se ainda é pertinente, nos dias de hoje, discutir as raízes da moralidade com fundamento na culpabilidade. Penso que a psicanálise pode vislumbrar novas possibilidades de orientação na teoria e na clínica, atualizando sua abordagem da moralidade a partir de uma noção mais contemporânea de responsabilidade, o que implica a necessidade de uma nova clínica psicanalítica para o século XXI.

Podemos perceber, na obra do psicanalista Jacques Lacan, uma mudança de paradigma. Apoiado na antropologia estrutural de Lévi-Strauss e na inversão do signo linguístico de Ferdinand de Saussure, para destacar a função fundadora do sentido do significante, Lacan (1953/1998, 1957/1998) lastreou sua primeira teoria do sujeito; de um sujeito mortificado pelo significante e, em decorrência, sujeitado ao sentimento de culpa pelo desejo incestuoso. Ao final de seu ensino, nova clínica do ser falante – que, diferentemente do sujeito, é vivificado pelo significante e goza de modo singular do inconsciente. Se o sujeito mortificado pelo significante padecia da culpa por seu desejo incestuoso, o ser falante, vivificado pelo significante, deve responsabilizar-se pela singularidade de seu gozo (LACAN, 1972-73/1985a)[1]. Na primeira teoria, universalizante, o objeto do desejo é definido como um objeto impossível – *das Ding* –, o objeto incestuoso. A segunda teoria, diferentemente, acentua a dimensão libidinizante do significante que, ao incidir sobre o corpo, o torna mais vivo e desejante de um objeto singular. Baseia-se nessa inversão da perspectiva lacaniana sobre o sujeito nossa tese de que o desejo inconsciente não é o efeito do recalque do objeto universalmente incestuoso. Essa concepção do inconsciente culpabiliza o sujeito, mas não pode responsabilizá-lo por um desejo cuja natureza é a de ser uma tragédia universal. O inconsciente do qual vamos tratar é aquele que leva o ser falante a responsabilizar-se pela invenção de seu estilo singular de usufruir de seu corpo e de sua vida.

No discurso da psicanálise difundida nos meios de comunicação, responsabilidade e inconsciente não são termos que aparecem conjugados, chegando a serem considerados excludentes. Assim, a responsabilidade estaria associada à consciência plena

---

1 Para os seminários de Lacan, decidimos colocar a data em que foi ministrado o seminário, seguida da data da publicação utilizada.

e onde houvesse inconsciência não poderia haver responsabilidade. Diante de um ato que cometeu – voluntária ou involuntariamente – e sobre o qual estranha a própria participação, é comum a pessoa dizer: "Só se foi o meu inconsciente".

Para Coelho dos Santos (2001), isso se deve, em parte, à difusão da psicanálise na sociedade. A popularização do Complexo de Édipo criou o famoso "Freud explica". Coelho dos Santos, com base no Seminário 7 – A Ética da Psicanálise (1959-60/1988), de Jacques Lacan, denuncia um perfil de analista que contribui para uma difusão equivocada da psicanálise, como se ela possuísse um objetivo normatizador. A autora critica o analista psiquiatrizante, que enaltece a normalidade do amor genital; o analista psicologizante, que confunde o sujeito do inconsciente com o indivíduo; e o analista pedagogizante, que persegue a mentira e acredita na possibilidade da autenticidade absoluta.

Coelho dos Santos (op. cit.) levanta a polêmica sobre quais seriam os objetivos da difusão da psicanálise. Seria produzir demanda de análise, aderir ao discurso psicanalítico ou propor novos modos de subjetivação? A difusão da psicanálise produziria diferentes culturas psicanalíticas? O fato é que há diferentes versões da psicanálise veiculadas pelos meios de comunicação e todas elas têm efeito na sociedade, determinando formas de demanda, expectativas de cura diversas e imprimindo orientações diferentes de tratamento. Isso não ocorre só entre os leigos, pois a finalidade de uma análise e seus desfechos dependem da perspectiva adotada pelo analista sobre o que é o inconsciente.

No século XXI, o psicanalista que acredita no inconsciente irresponsável não trata o sintoma e não cura. De acordo com Lacan (1958a/1998, p. 602), Freud já se preocupava com a questão da responsabilidade por aquilo que é inconsciente; um exemplo é o caso Dora, quando ele a implica para que veja qual é a sua parte na desordem de que ela se queixa. Nos últimos trinta anos, o mundo vem passando por uma mudança na estrutura do laço social, com consequências nas esferas da política, família, escola, empresa e sociedade em geral. É urgente considerar a responsabilidade pelo que é inconsciente, pois já não podemos mais contar com as ficções – tais como a do mito paterno – que, até o século passado, nos permitiam escapar, dizendo: "Foi por causa de papai". Também a clínica psicanalítica, por essas mesmas razões, atravessa um novo momento. A psicanálise do século XX nasceu como tratamento do trauma da sexualidade infantil e libertação das fixações edipianas do passado de cada um. Com o retorno a Freud, de Jacques Lacan passamos a falar do sujeito sujeitado ao significante do Nome-do-Pai. O último ensino de Lacan, como antecipamos anteriormente, reconhece que a causa do traumatismo não é nem o pai, nem seu nome. O traumatismo provém da língua. O Nome-do-Pai é muito mais um tratamento desse real. A psicanálise hoje – que é o tema deste livro – vem se tornando o tratamento do real como causa da desorientação subjetiva e como exigência de uma nova responsabilidade perante as diversas opções do presente e, consequentemente, a invenção de um futuro. Passamos do homem traumatizado (FREUD, 1906[1905]/1972)[2] ao ho-

---

2   Muitos textos de Freud abordam o trauma na etiologia das neuroses. Ver, por exemplo, "Meus pontos de vista sobre o papel desempenhado pela sexualidade na etiologia das neuroses". *Edição Standard Brasileira das Obras Psicológicas Completas de Sigmund Freud*. Rio de Janeiro: Imago, 1972, vol. VII, p. 279-92.

mem desbussolado (FORBES, 2005a)[3]. As estratégias psicanalíticas para abordar esse novo homem não podem ser as mesmas. A psicanálise deve ser reinventada sempre para não perder seu efeito de surpresa frente ao real, sem o qual ela não funciona. Quando distinguimos a psicanálise no século XX da psicanálise no século XXI – propondo, inclusive, duas novas referências: o homem traumatizado e o homem desbussolado –, perseveramos em nossa orientação lacaniana. Muitos leitores de Jacques Lacan acreditam que sua adesão à perspectiva estruturalista recusa completamente a dimensão histórica. Para esclarecer nossa hipótese acerca da recente transição do homem traumatizado ao homem desbussolado, será preciso demonstrar que ela se apoia na lógica do corte epistemológico entre o mundo antigo e a modernidade e que é por esse viés que Lacan considera a dimensão histórica. Para precisar esse ponto de vista, vamos partir do seguinte axioma: o fundamento do discurso analítico é uma estrutura – a da modernidade – que se transforma em consequência da insistência do real.

Na modernidade, o advento da ciência representa um corte epistemológico com o mundo antigo. Do mundo finito, cosmológico, passamos ao universo infinito da ciência (KOYRÉ, A. *Do mundo fechado ao universo infinito*, 1961/2006, p. 6-7). A hipótese de Alexandre Koyré – da qual Lacan apropriou-se enquanto frequentava os cursos de seu mestre Alexander Ko-

---

3 Com a expressão "homem desbussolado", refiro-me ao habitante de uma nova era: globalização, pós-modernidade – ainda nenhum termo é suficientemente bom para nomeá-lo, sempre causando polêmicas aqui –, uma nova era, dizia, diferente da anterior, por não ser prioritariamente "pai orientada" (FORBES, 2005a).

XV

jève na École Pratique des Hautes Études (1933/39) – supõe que a episteme do mundo antigo é cosmológica. O conhecimento fundava-se na crença de que o mundo tinha um sentido como um todo finito e bem ordenado. Segundo Koyré (1991, p. 155), em *Estudos de história do pensamento científico*, a concepção aristotélica do espaço, como lugares diferenciados intramundanos, materializava-se numa hierarquia de perfeição e valor. O céu e a terra comungavam uma mesma ordem antropocêntrica. O universo indefinido e infinito da ciência, em contrapartida, não se integra por nenhuma espécie de subordinação natural. Ainda segundo Koyré, a geometrização euclidiana do espaço abstrato supõe uma extensão essencialmente infinita e homogênea, em que a identidade dos elementos componentes é regulada pela uniformidade de suas leis matemáticas.

O objeto da ciência distingue-se do objeto da opinião, do senso comum, da crença e da tradição por ser um "objeto sem qualidades". Seu estatuto é lógico, e não ôntico. O real da ciência não é dado aos sentidos. Ao contrário, é rejeitando as evidências sensíveis que se funda a verdade científica como verdade lógica. O nascimento da psicanálise é a outra face do advento da ciência, pois a afirmação da razão acompanha a descoberta do desejo inconsciente. O sujeito do inconsciente não é um sujeito empírico, e sim um "sujeito sem qualidades" (MILNER, 1995, p. 33-41). A hipótese do sujeito do inconsciente foi forjada no rastro dos efeitos das grandes revoluções que marcaram o século XVIII: o advento do direito natural, a consolidação da Declaração dos Direitos do Homem. Esse sujeito sem qualidades foi forjado também graças à redução do trabalho a uma mercadoria que se compra e se vende. De

XVI

acordo com Karl Marx, a partir da entrada do trabalho no mercado de trocas, o trabalhador é separado da mais-valia, isto é, do lucro que o capitalista extrai da venda do produto. Para Lacan, existe uma analogia entre o sujeito do inconsciente e o trabalhador, na modernidade capitalista. É o sujeito que renuncia ao usufruto imediato de seu corpo e de seu desejo para recuperá-lo sob a forma de um gozo-a-mais, um mais-de-gozar.

Podemos abordar esse "sujeito sem qualidades" como uma metáfora do homem traumatizado da era industrial. Submetido aos imperativos de produção e acumulação de um excesso (mais-valia ou mais-de-gozar), o homem moderno, diferentemente do homem antigo, foi privado da ética da moderação e do uso regulado dos prazeres. Não vamos tratar dessa ética, mas remetemos o leitor à descrição precisa que dela faz Michel Foucault (1984) em sua obra intitulada *História da sexualidade: o uso dos prazeres*. O trabalho deixa de servir à produção do necessário apenas para a sobrevivência e torna-se uma poderosa alavanca para a produção de um excesso que pode ser acumulado e vendido em tempos de escassez. O homem modifica também sua relação com o prazer. Dedica menos tempo ao ócio e o tempo de lazer converte-se, pouco a pouco, no tempo dedicado ao consumo da mercadoria excedente. A subjetividade passa a orientar-se pela ideologia individualista e hedonista que incita o homem traumatizado a apostar (no sentido de investir) o tempo de sua vida em benefício do futuro. Esse futuro é o das gerações que estão por vir. Mas esse futuro é um sonho, a esperança de recuperar o tempo da vida que se renunciou a viver em benefício de trabalhar sob a forma, de acordo com a fórmula de Pascal, de "uma infinidade de vidas infinitamente felizes" (LACAN, 1968-69/2008, p. 115). Como entender esse uso que faz Lacan da aposta de Pascal? Podemos interpretar essa aposta como a renúncia ao usufruto do ócio no tempo presente em benefício do consumo da mercadoria em um tempo futuro. Essas coordenadas resumem o que entendemos por homem traumatizado do capitalismo nascente na era industrial. Será preciso distingui-lo do homem desbussolado da era pós-industrial ou pós-moderna.

O homem desbussolado do século XXI surge como efeito da mudança de eixo das identidades, de vertical para horizontal. Essa mudança progride no sentido de apagar os restos das marcas da tradição que estruturavam o laço social: a diferença geracional e a diferença sexual, que regulavam o uso do corpo e dos prazeres na ética do mundo antigo.

O surgimento da psicanálise pode ser lido em dois registros. O primeiro registro enfatiza a dimensão inovadora, científica, lógica da concepção de homem. A descoberta do desejo inconsciente é um passo lógico no sentido de reduzir o homem antigo – portador das insígnias de nobreza que o distinguiam ou das marcas da vassalagem que o submetiam à ordem feudal – ao sujeito universal do direito moderno científico, livre e igual; portanto, um "sujeito sem qualidades" outras. Esse sujeito, liberado das amarras da tradição, tornou-se, na modernidade, um homem livre para vender sua força de trabalho no mercado[4]. Baseado nessa premissa, Lacan pode formalizar o sujeito do inconsciente como uma estrutura lógica. Apoiado na linguística, Lacan extrai a seguinte definição: "o sujeito é aquilo que um significante representa para um ou-

---

4 Como Michel Foucault denuncia em *Vigiar e punir*, 1991.

tro significante" (LACAN, 1969-70/1992, p. 11). O segundo registro, aparentemente contraditório ao primeiro, enfatiza a dimensão tradicional da concepção de homem. Esta se conserva apesar dos avanços científicos. É o homem como um corpo vivo, que está destinado a nascer, sexuar-se, reproduzir e morrer. Podemos dizer que Freud recupera esses dois eixos operadores do mundo antigo – a diferença sexual e a diferença geracional – e mantém que são essenciais à constituição desse sujeito, formalizando-os por meio do complexo de castração e do Complexo de Édipo. Para finalizar, Freud retifica a tese de que todo homem nasce livre e igual. Ele mostra que os homens nascem pequenos, desamparados e ignorantes de sua condição de seres sexuados e mortais.

Lacan (1966a/1998, p. 873) interpreta esse gesto de Freud afirmando, em "A ciência e a verdade", que: "Dizer que o sujeito sobre o qual operamos em psicanálise só pode ser o sujeito da ciência talvez passe por um paradoxo". O passo de Lacan foi o de propor uma equivalência entre o sujeito da psicanálise e o sujeito da ciência. O fundamento de sua existência é uma dedução do pensamento, conforme a fórmula cartesiana: *cogito, ergo sum* – penso, logo existo. Mas, como o pensamento só funda o ser quando ele é vinculado à fala, é preciso que se considere que esse "logo" designa a existência de uma causa em jogo. Lacan efetua uma conexão entre as fórmulas de Descartes e de Freud relativamente ao advento do sujeito. Ele traça uma equivalência entre *Cogito, ergo sum* e *Wo es war soll Ich werden* – "lá onde isso estava, lá, como sujeito, devo [eu] advir" (ibid., p. 878): "Ora, essa causa é o que é abarcado pelo *soll Ich*, pelo devo [eu] da fórmula freudiana, que, por inverter seu sentido, faz brotar o paradoxo de um imperativo que me pressiona a assumir minha própria causalidade" (ibid., p. 879).

Num movimento aparentemente oposto a essa definição, replica mais adiante, ainda nesse mesmo texto, que é preciso distinguir o discurso da ciência e o discurso psicanalítico afirmando que "a prodigiosa fecundidade de nossa ciência deve ser interrogada em sua relação com o seguinte aspecto, no qual a ciência se sustentaria: que, da verdade como causa, ela não quer-saber-nada" (LACAN, 1966a/1998, p. 889). A *Verwerfung* do Nome-do-Pai, na psicose, nos confere um instrumento para abordar essa estrutura. A psicanálise não é uma paranoia bem-sucedida, pois "é essencialmente o que reintroduz na consideração científica o Nome-do-Pai" (ibid., p. 889).

Essa afirmação nos remete ao seguinte paradoxo: de um lado, o advento da psicanálise segue-se ao gesto da ciência, pois a origem de uma e de outra não é fruto de uma continuidade histórica. Uma nova episteme surgiu por acaso e deve-se a um corte radical com a tradição. A ciência, entretanto, tende a esquecer-se que um novo saber origina-se do gesto singular do fundador. À psicanálise, de acordo com Lacan, caberia recordar que uma ciência não tem precursores e que seus antecedentes não justificam nem explicam o gesto que a inaugurou. Por outro lado, a descoberta do inconsciente confronta-nos com a universalidade de duas estruturas congruentes, os Complexos de Édipo e de castração, que desmentem toda e qualquer pretensão de incluir seu discurso entre as ideologias individualistas que se utilizam da máxima: "todo homem nasce livre e igual".

Não é por desmentir a tese de que todo homem nasce livre e igual que a psicanálise deixa de reconhecer que essa estrutura tem uma efetividade no real. Freud criou a psicanálise em uma época em que o laço social era ordenado pela figura do pai idealizado, ainda que em declínio, e a sociedade estabelecia padrões claros e rígidos de comportamento. Se uma pessoa não conseguisse atingir o objetivo esperado, isso acontecia porque tinha algum problema que ficara mal resolvido no percurso de sua vida. A psicanálise era o tratamento do passado e a cura era compreendida como um processo de conhecer-se melhor. O disseminado modelo que Freud (1923/1976, 1933[1932]/1976) propôs para a estruturação psíquica, o Complexo de Édipo, baseia-se na orientação vertical das identidades – é pai orientado[5]. Esse modelo é que deu base à psicopatologia analítica. De uma maneira simples, diríamos que aquele que negocia com o "pai" para chegar a uma satisfação possível é o neurótico; quem despreza o "pai", ocupando o seu lugar, fazendo uma versão do "pai", é o perverso; finalmente, quem não consegue estabelecer uma articulação paterna é o psicótico. Hoje, temos que ir além. Não basta definir o tipo clínico com base na posição do sujeito em relação à função paterna. É preciso considerar a singularidade da solução que um sujeito inventa, por meio de seu sintoma, para dar conta de tudo aquilo que se apresenta para além do pai.

O Complexo de Édipo pode ser entendido como um *software* que Freud inventou para conectar o homem ao mundo. Esse *software*, muito mais durável que os atuais de Bill Ga-

---

5   Entre os textos de Freud relativos ao Complexo de Édipo no menino, ver "O ego e o id, cap. III – O ego e o superego (ideal do ego)", v. XIX, 1923. Quanto ao Édipo na menina, ver "Novas conferências introdutórias sobre psicanálise – Conferência XXXIII – Feminilidade", v. XXII, 1933 [1932]. *Edição Standard Brasileira das Obras Psicológicas Completas de Sigmund Freud.*

tes, funcionou por mais de 100 anos e convenceu-nos que o mundo era mesmo edípico. No entanto, conceitos como o Complexo de Édipo e o de castração, embora não tenham sido superados, devem ser relidos e questionados, como Lacan o fez. Considerou o Complexo de Édipo não como mito, mas formalizou-o em termos de estrutura, tomando-o em três tempos. No primeiro tempo, o sujeito identifica-se como o objeto de desejo da mãe. Assim, basta-lhe ser o falo, e a mãe supre tudo para a criança. Mãe e criança formam um todo, no qual o pai vai atuar no sentido de separar. "[...] a metáfora paterna age por si, uma vez que a primazia do falo já está instaurada no mundo pela existência do símbolo do discurso e da lei. Mas a criança, por sua vez, só pesca o re-sultado"(LACAN, 1957-58/1999, p. 198). A instância paterna ainda está velada, mas o pai existe no mundo, já que aí reina a lei do símbolo, diz Lacan. Já se coloca a questão do falo, mas referenciada na mãe. No segundo tempo, o pai é aquele que priva. O que retorna à criança é a lei do pai, imaginariamen-te concebida como privador da mãe. A questão do objeto de seu desejo passa pelo fato de que o Outro ou tem ou não tem o falo. O pai é aquele que possui o objeto que faz a lei do desejo da mãe. A mãe depende dele para ter ou não a posse do falo. A mãe funda o pai como mediador – além de seu capricho –, o pai como Nome-do-Pai. No terceiro tempo, o pai pode dar à mãe o que ela deseja, porque ele o tem. Trata-se de um pai real e potente. Aqui se dá a saída do Complexo de Édipo e a identificação ao pai como ideal do eu e, depois, supereu. O Nome-do-Pai, enquanto agente da castração, é exceção e funciona como modelo identificatório, levando ao laço social baseado na submissão. Para o homem, há a exigência da renúncia ao gozo do objeto incestuoso. O gozo torna-se inconsciente – estruturado como uma linguagem – e retorna no sintoma, passível de interpretação. Assim, a metáfora paterna serve à comunicação.

A partir do Seminário *Mais, ainda*, Lacan (1972-73/1985a) elabora duas lógicas da sexuação. Retoma a descoberta freudiana da dissimetria entre os sexos no complexo edipiano e extrai consequências novas. Não considera que a mãe seja igualmente, para os dois sexos, o objeto primordial. Também não pensa mais que o pai funciona como interditor, de modo idêntico, para o menino e a menina. Lacan acentua a dissimetria entre os sexos e aprofunda as consequências de seu axioma: "não há relação sexual" (ibid., p. 49). Considera o Complexo de Édipo como o modo masculino de fazer suplência à relação sexual que não existe. O homem é "todo", já que para ele existe "ao menos um" fora da castração. Através da identificação à exceção, o homem supre a inexistência da relação sexual. Já do lado feminino não há exceção à castração; logo, o que organiza a subjetividade é a lógica do não-todo. Freud (1925/1976, p. 320) antecipou essa diferença lógica ao dizer que as mulheres não teriam supereu. O fundamento do feminino é o próprio furo da linguagem, a pulsão. É de Lacan (1975/1988, p. 131) a frase "A mulher não existe". Como não existe o modelo, a exceção à regra, com a qual ela deva identificar-se, ela não tem que se conformar a um padrão. Seu gozo não se limita pela castração, ela não se submete ao recalque e pode até ser uma desvairada (COELHO DOS SANTOS, 2005).

Lacan (1975-76/2005, p. 22), em seu último ensino, coloca o Complexo de Édipo como um sintoma. Aponta para além do pai quando extrai consequências inéditas para uma teoria do ser falante com base nas suas fórmulas da sexuação. Essa tese inscreve-se nessa perspectiva: abordamos o inconsciente para além do Édipo. Na sociedade globalizada, a estruturação dos laços sociais não se dá da mesma forma que anteriormente. A verticalidade não é mais a orientação libidinal por excelência. O Édipo já não funciona como bússola em uma sociedade na qual se radicaliza o discurso coletivo que promove a concepção de homem sem qualidades, livre e igual. Como resultado desse discurso, no lugar do significante mestre, do "um", temos um mundo onde os semblantes são múltiplos. Então é preciso ir além do pai. Surgem novas soluções e novos problemas. Ir além do Édipo é ir além da significação metafórica, em direção à multiplicidade pulsional. A pulsão é sem objeto e envolve objetos parciais. Para ancorar uma ética que implique a responsabilidade sexual pelo inconsciente, para além do Édipo, tomamos a via da sexuação. Abordaremos o inconsciente real, isto é, o inconsciente do ponto de vista da pulsão e não da cadeia significante. O que vem ao primeiro plano de nossa exposição é a responsabilidade sexual pela escolha do parceiro ou do sintoma com que se goza. Voltaremos a esse ponto mais adiante.

Freud descortina o sujeito do inconsciente como um homem traumatizado entre o complexo de castração e o Complexo de Édipo. No século XXI, aprofundam-se os efeitos das ideologias individualistas. O homem desbussolado desconhece, cada vez mais, o real da estrutura que o determina. Esse efeito de desconhecimento prova que, se Freud pôde apoiar-se no que restou da família antiga para formular a importância dos dois complexos, a psicanálise hoje já não pode contar com esses recursos como uma evidência empírica, pois as formas patriarcais de família esvaziaram-se e deram lugar a arranjos socioafetivos mais fluidos, que se fazem e se desfazem ao sabor das pulsões. A psicanálise precisa atualizar sua percepção dessas estruturas, uma vez que a expressão do real pulsional na experiência do homem desorientado não se serve mais do mito do pai como agente da castração. O gozo hoje não é mais vivido como incestuoso e impossível. As manifestações sintomáticas contemporâneas são, muitas vezes, invenções para tratar o real.

No século XX, podíamos apreender a verdade do sujeito do inconsciente a partir de uma sucessão de posições (pai, mãe, filho, objeto) no lugar do agente da enunciação. O mais essencial a essa lógica discursiva é a crença de que existe um pai (a exceção) que goza de todas as mulheres e que ele está morto. Para o homem traumatizado, isso era o real. O real, do ponto de vista do fantasma edipiano, é o gozo enquanto impossível. Freud descobriu a tradução subjetiva desse mito universal, fundador do inconsciente em nossa cultura: o Complexo de Édipo. O desejo do homem traumatizado era definitivamente o de matar o pai para gozar do objeto proibido. Logo, para o homem que crê no pai morto – como aquele que gozava de todas as mulheres –, o único gozo que valeria a pena é inacessível. Não existe felicidade possível quando o objeto do desejo é marcado para sempre pela impossibilidade de satisfação. Por isso mesmo é que haveria o inconsciente. O sintoma e o fantasma são a expressão de um desejo em impasse, proibido de se satisfazer na realidade, obrigado a se disfarçar e a usufruir por meios substitutos.

Por meio dos quatro discursos, Lacan (1969-70/1992) formalizou as relações entre o sintoma ($S_1 > S_2$) e o fantasma ($\$<>a$), reduzindo os discursos possíveis a permutações des-

XXV

sas letras num quaternário. Temos quatro combinações que resultam da permutação do lugar do agente. São o discurso do mestre ou do inconsciente (S1), da histérica ($), da universidade (S2) e do analista (a). Cada um deles é enunciado da seguinte forma: em nome do pai (S1/significante mestre/inconsciente), da mãe (S2/saber), do filho ($/histérica) ou do objeto pulsional (objeto a/analista). Observe-se que os quatro discursos efetuam uma transposição do mito edípico para o âmbito da estrutura das enunciações que ele propicia em uma dada sociedade. Na contemporaneidade, especialmente após os movimentos de maio de 1968, a crítica a todas as formas de autoridade anuncia o declínio do discurso do mestre, que é a matriz que ordena todos os demais. A fala do sujeito desbussolado que colheríamos hoje não se articula em nenhum dos quatro discursos. Então o ser falante, na contemporaneidade, está fora do discurso? Vejamos como se pode resolver esse problema.

Lacan (1972) chega a formular, por hipótese, o advento de um quinto discurso, o do capitalista. Este último subverteria a lógica de uma permutação regulada e sucessiva da passagem de um discurso a outro, anunciando que todas as permutações são possíveis. O indivíduo desbussolado, se não articula o gozo impossível na ordem discursiva, do ponto de vista lacaniano, ficaria sujeitado ao imperativo de gozo. Isso significa que o discurso do capitalismo promove a redução do sujeito de desejo ao consumidor. No capitalismo globalizado, o sujeito, bem como o desejo e o real, apareceriam cada vez mais apagados sob o peso hegemônico da forma mercadoria. Como se pode depreender, a leitura lacaniana dos efeitos do progresso da ciência e do capitalismo é bastante pessimista, de um certo ponto de vista. Os novos sintomas tenderiam a se mostrar mais avessos à interpretação e às modalidades de gozo e menos suscetíveis de se dialetizarem. Os motivos que poderíamos elencar têm relação com o desaparecimento do inconsciente como um lugar do resto, do resíduo dos mitos que estruturavam as narrativas do homem antigo. No lugar das formações do inconsciente, surgiriam novos sintomas, diferentes dos sintomas freudianos clássicos. O sintoma clássico é uma expressão disfarçada do desejo. Os novos sintomas são expressões mais diretas da pulsão. Por isso, tantas vezes tomam a forma de adições, compulsões ou rejeições maciças.

A concepção estrutural do sujeito baseada na diferença sexual e na diferença geracional não se deixa mais apreender, nos dias de hoje, diretamente no campo dos costumes, regras e convenções sociais. O laço social tornou-se predominantemente horizontal e fraterno. Reconhecer essa transformação histórica do laço social não significa, necessariamente, recusar o valor que a concepção estrutural tem para a psicanálise. É preciso reconhecer que enfrentamos a versão contemporânea das relações entre a psicanálise e a ciência, que foram e continuam sendo paradoxais. Os sintomas contemporâneos não se servem necessariamente da metáfora paterna para cifrar o gozo autoerótico. Por essa razão, frequentemente é inútil abordá-los pela via da interpretação. Para que essa via seja operativa, é preciso que um sujeito produza, além dos seus sintomas, os elementos que nos permitiriam decifrá-los – os lapsos, sonhos e toda a rica psicopatologia da vida cotidiana – e que nos autorizam a manejar a interpretação no campo dos efeitos transferenciais do inconsciente.

O homem desbussolado que vem nos procurar mostra-se muito mais identificado ao seu sintoma. A estrutura do sintoma, quando reduzida ao seu núcleo mais elementar, é o efeito de um encontro contingente entre um significante e o corpo. Esse laço entre um significante (chamemos de S1) e o objeto da pulsão (aqui representado pelo objeto a) mostra-se mais resistente ao deslizamento metonímico que nos permitira surpreender o sujeito dividido ($) entre dois significantes (S1-S2). Solidários de seu sintoma como uma modalidade altamente condensada do seu gozo, esses indivíduos são presa fácil do discurso preguiçoso da psiquiatria contemporânea, que já não se esforça em captar a particularidade das estruturas clínicas, limitando-se a classificar as doenças com base em uma classificação sumária de sofrimentos. Essa tendência nominalista espalha-se rapidamente no campo da assim chamada saúde mental – e funda a lógica epistêmica do DSM-IV, em perfeita consonância com o progresso da indústria psicofarmacológica. Em resposta a esse declínio da crença no real em jogo no sintoma e que se traduz em diagnósticos impressionistas, os psicanalistas do Instituto do Campo Freudiano, reunidos em três grandes conversações [Angers – 1996, Arcachon – 1997 (MILLER, 1999) e Antibes – 1998 (MILLER, 2003)], sob a coordenação de Jacques-Alain Miller, propuseram um novo paradigma no campo da classificação do sofrimento psíquico. Ao lado da clínica estrutural clássica que classifica os sintomas (S1-S2) e os fantasmas ($<> a) (LACAN, 1960/1998, p. 830) que os acompanham de forma descontinuísta, propõem uma nova clínica continuísta, com base na pulsão. A primeira clínica baseia-se nos sintomas clássicos – aqueles que se constroem com base na estrutura de linguagem

XXVIII

própria aos discursos – e classifica-os em modalidades distintas: neurose, psicose e perversão. A segunda clínica adota outra perspectiva, que não se propõe a substituí-la, mas considera os sintomas de um ponto de vista continuísta (MILLER, 1999, p. 318-9). Apoiada na pulsão, na ressonância do enxame de significantes própria à *lalíngua* e na singularidade autoerótica do gozo pulsional, podemos dizer que ela circunscreve o que é comum a todos os sintomas e que constitui seu aspecto mais nuclear: a insígnia ou o laço entre S1 (um significante) e um objeto a (pulsional).

Temos hoje uma série de novos sintomas, próprios da horizontalidade do laço social da globalização, que não respondem ao tratamento *standard* da psicanálise do século passado. Alguns exemplos: fracasso escolar, agressões inusitadas, toxicofilias, anorexia, bulimia, epidemia de depressão, etc. Esses sintomas certamente são efeito de que os "sujeitos em vias de advir" não encontram um laço social disciplinado pela hierarquia paterna. Cada um sente-se exceção e exige satisfação imediata. Surge a questão do "como é que eu vou crescer sem ter contra quem me rebelar?", que anuncia o curto-circuito do gozo. Esse último engendra os novos sintomas autoeróticos que não foram produzidos pelo recalque/metáfora paterna e que não respondem ao tratamento pela decifração. Esse era o tratamento típico da psicanálise do mundo moderno, consagrado no alerta da esfinge: "Decifra-me ou te devoro", da época em que o analista emprestava sentido: "A interpretação precisa ser presta para prestar ao entrepréstimo [*entrepêt*]", palavras finais de Lacan (1973/2003, p. 543) em *Televisão*. Passamos à época em que o analista empresta consequência (FORBES, 2003, p. 194-205). Essa clínica funciona porque res-

XXIX

ponsabiliza o sujeito. Como diz Lacan (1975-76/2005, p. 64), "não há responsabilidade senão sexual". A clínica é uma ética e não uma moral. Miller (MILLER & LAURENT, 1997, p. 9) afirma que "à medida que o império dos semblantes se estende, é ainda mais importante manter, na psicanálise, a orientação em direção ao real. [...] a orientação lacaniana é a orientação em direção ao real".

É da época do deciframento e do Complexo de Édipo a psicopatologia tripartite citada: neurose, psicose, perversão; a chamada primeira clínica de Lacan. Essas categorias, sozinhas, não servem para os novos sintomas. Algo deve ser acrescentado a essas identidades psicopatológicas que já não dão conta de tratar, por exemplo, o fracasso escolar – uma clínica descentrada de um padrão único, de um "uni-verso" do pai. O esforço despendido nessas três conversações (Angers, Arcachon e Antibes), a que nos referimos acima, resultou em reaparelhar o saber do psicanalista para uma resposta muito diferente do novo saber psiquiátrico que classifica com a fórmula homogeneizante – monossintomáticos – os sujeitos desbussolados. Essa classificação retira do sintoma sua estrutura particular, dissolvendo-a sob uma suposta identidade no nível do fenômeno aparente. A psicanálise precisa ir além do inconsciente transferencial, estruturado como uma linguagem, transcendendo as classificações estruturais (neurose, psicose, perversão) rumo ao osso do sintoma, aquilo que em sua estrutura é mais singular, laço contingente entre o significante (S1) e o objeto a. Esse laço resulta da suplência singular que um sujeito faz da relação sexual que não existe.

Como já dito, a clínica é ética, não uma moral de hábitos. Temos novos sintomas que já não podem ser tratados apenas na clave do Édipo. Do universo do pai, do Nome-do-Pai – função de dar nome às coisas –, próprio ao mundo industrial, fomos à globalização, onde os pais se multiplicam, o que levou Lacan (1974-75) a falar, em seus últimos seminários, em nomes do pai, no plural. A proliferação dos nomes do pai aumentou nossas possibilidades de escolha. Se antes o mal-estar localizava-se na impossibilidade da realização, hoje ele se manifesta na angústia da escolha. Quanto mais aumenta o risco da escolha, maior a angústia.

A questão da singularidade do sintoma é o que nos reorienta quanto ao novo estatuto que devemos conferir ao Nome-do-Pai no saber do psicanalista, em tempos de hegemonia dos laços horizontalizados. Onde ancorar a verticalidade em jogo na dissimetria entre os sexos e as gerações, função que devíamos ao Nome-do-Pai? Estaria completamente obsoleto o *software* inventado por Freud? Como atualizá-lo, como efetuar aí um *quick update* para dele podermos nos servir na clínica contemporânea?

A função do pai na constituição do desejo inconsciente revelou-se a Freud por meio da descoberta do papel etiológico da sedução sexual na estruturação da neurose histérica. Muito embora, na sequência de suas investigações, tenha sido levado a reformular o estatuto de sua descoberta, reconhecendo seu caráter de próton-pseudos, isto é, de realidade psíquica ou fantasia e não de acontecimento real, em nada modificou seu ponto de vista sobre a função traumática do pai.

Jacques Lacan (1957-58/1999), em seu retorno a Freud, elevou a função do pai no complexo edipiano à dimensão de uma metáfora do desejo da mãe. O desejo da mãe é o nome de tudo que seria, por definição, excessivo, indiferenciado

XXXI

do próprio sujeito. Embora Lacan não tenha feito inicialmente a distinção entre o pai da realidade (pai de família) e a função paterna de regular o campo simbólico (impondo-lhe a medida fálica), não deixou de atribuir à imago paterna um lugar distinto daquele que ocupam a mãe e o filho. A dimensão assimétrica está presente desde o início, assegurando ao pai um lugar de exceção na família e reconhecendo, inclusive, que o direito ao arbítrio e à transgressão são prerrogativas inerentes à potência do pai de fazer a lei. A lei nada tem a ver com uma convenção instituída entre indivíduos formalmente iguais. Por isso, ao final do seu ensino, Lacan (1975-76, 2005, p. 136) afirma que podemos prescindir do Nome-do-Pai, isto é, de Deus, sob a condição de sabermos nos servir.

O real em jogo na fantasia de sedução pelo pai assegura-lhe, de saída, o direito ao excesso ou à transgressão como uso da força que funda toda legalidade possível. O passo de Lacan, ao formalizar a função do pai como função arbitrária, oracular, infundada do significante, foi o de deslocar a discussão sobre o estatuto do pai. Lacan reduziu a função do pai no complexo edipiano a um mito, deslocando-a para o âmbito da linguagem, onde o sujeito e a civilização humana tomam seu lugar. O pai é o nome da causa que impulsiona o campo da fala e da linguagem. Situa-se fora do código linguístico propriamente dito, pois, enquanto um significante em posição de exceção à regra de que um significante é o que representa um sujeito para um outro significante, tem a função de garantia. Sem esse significante, o Nome-do-Pai, não seria possível conferir peso às relações sempre instáveis e mutantes entre significante e significado.

Laurent trabalha essa questão do pai na vertente da exceção. Cita Lacan, Seminário XXII – RSI:

É preciso que qualquer um possa fazer exceção para que a função de exceção se torne modelo, porém a recíproca não é verdadeira – a exceção não deve circular com qualquer um para, dessa maneira, constituir modelo... Basta que ele seja um modelo da função. Eis o que deve ser o pai, uma vez que ele não pode ser senão exceção. (Lacan, 1974-75, apud Laurent, 2006, p. 19)

Lacan não toma modelo como ideal e nem como representação, mas "escolheu, pelo contrário, a orientação pela estrutura, como do simbólico no real" (ibid., p. 19). "O pai, enquanto agente da castração", é o modelo da função. Lacan refere-se ao pai pela via do "um por um", fala de "pai-versão" (homofonia em francês "*père-version*"), "versões do pai uma por uma, definida pela particularidade do gozo do pai" (ibid., p. 21). Não há um universo, mas pai-versão. Assim, pai não é igual a padrão. Freud e Lacan não foram ingênuos quanto à função do pai como ideal, já que sabiam de sua função de véu da castração. Tanto para Freud quanto para Lacan o pai é o agente da castração, isto é, uma das fontes do trauma são as consequências psíquicas da diferença anatômica entre os sexos. O ideal vela o que no real não tem lei: não há relação sexual, mas somente os semblantes do que fazer com seu sexo. Laurent cita Lacan, que fala, de modo jocoso, que a virtude paterna é *épater* sua família. É causar admiração, surpreender, ser exceção. Ele joga com este termo *épater*, que lembra *Pater Familias*. "O efeito sobre sua família é produzido a partir do pecado do pai. É produzido pelo fato de que o pai, em sua existência, presentifica uma falha da função Nome-do-Pai" (ibid., p. 22). Ele encontra a castração, não é o herói de sua família, mas é preciso reservar-lhe um lugar. Ele é uma exceção, sem ser um ideal, e transmite ao filho sua própria divisão subjetiva: condição para que haja vergonha e responsabilidade.

Lacan, no Seminário "O avesso da psicanálise" (1969--70/1992), refere-se à produção da vergonha. Diríamos que a psicopatologia, hoje, deve incluir isso: tocar no ponto de vergonha de cada um. A responsabilidade por esse ponto de vergonha é a de fazê-lo passar no mundo. O ponto de ancoragem está na vergonha. A pessoa deve apresentar alguma coisa que, se perdida, a vida não vale a pena. A psicanálise inclui um novo tipo de responsabilidade.

Da mesma forma que é de pouca valia a insistência de transmissão da psicanálise como se as estruturas clínicas fossem quadros estanques, índices em todos os mundos possíveis (Kripke)[6], é conforto ilusório seguir dividindo a psicanálise em dentro e fora do consultório, o que responde a uma configuração cartesiana de espaço e de tempo, mas não a uma topologia dos nós, a uma topologia moebiana.

O ser falante não é nunca a causa de si mesmo. O avanço da civilização em que vivemos exige que nos abdiquemos de nossa divisão subjetiva, obscurecendo o caráter traumático e

---

6   Saul Aaron Kripke, nascido em 1940 nos Estados Unidos, propôs uma teoria causal da referência, segundo a qual o nome se refere a um objeto por uma conexão causal com o objeto. Os nomes são, portanto, designadores rígidos: eles fazem referência ao objeto em todos os mundos possíveis em que esse objeto existe. Sendo assim, a referência é necessária, na medida em que a relação de identidade também é. (Cf. em http://fr.wikipedia. org/wiki/Saul_Aaron_Kripke. Acessado em: 12/06/2010.)

excêntrico de toda origem. A redução dos laços sociais à relação horizontal entre pares culmina na emergência do homem desbussolado, que não tem do que se orgulhar nem do que se envergonhar. Só lhe resta orientar-se pelo seu sintoma sem sentido, indecifrável e privado de inconsciente. Melhor dizendo, o inconsciente verifica-se como uma cifra que se repete sempre idêntica, como um real rebelde aos efeitos de verdade que a interpretação sob transferência acreditava poder promover.

A psicanálise pode sobreviver a esse homem desbussolado, cujo sintoma não se deixa apreender na ilusão de um endereçamento ao sujeito suposto saber e se apresenta fora da transferência, no lugar do real. Porque a transferência que Lacan formalizou como a suposição de saber feita ao Outro, a Deus, ao pai e ao analista dependia da função do Nome-do-pai. Quando o sujeito não crê no Nome-do-pai, quando se acredita inserido em redes simétricas e horizontais, será possível ainda instalar a experiência analítica? Pensamos que sim. Se no século XX falava-se que a psicanálise era o tratamento do passado, hoje devemos dizer que ela é o tratamento do futuro. Antes, uma pessoa procurava um analista com a ideia clara do que queria obter, relatando as dificuldades em fazê-lo. Hoje, uma pessoa procura um analista por não saber o que fazer diante da multiplicidade de escolhas possíveis. É enganoso pensar que uma pessoa deva fazer análise para se conhecer melhor. Isso existiu na sociedade passada. Pensar que existiria um saber inconsciente que um dia iria surgir contribuiu para uma irresponsabilidade, como na expressão: "Não me lembro, não quis fazer isso. Só se foi o meu inconsciente". A questão, nos dias de hoje, é muito mais o limite do saber do que o seu aprofundamento. Sendo que todo conhecimento necessário para uma escolha ou para uma tomada de decisão é incompleto, a questão fica sendo reconhecer o limite e poder suportar a aposta necessária provocada por esse saber incompleto. Não existe decisão sem risco.

O analisando é levado a se responsabilizar pelo encontro e pelo acaso. Essa responsabilidade é inversa à responsabilidade dita jurídica. Na jurídica, primeiro se é livre, depois responsável. Por exemplo: é necessário que o carro esteja perfeito para que o seu motorista, em suas ações, possa ser incriminado dolosamente. Na psicanálise, ao avesso, primeiro há que se fazer responsável – "Você quer o que deseja?"[7] – para, em seguida, se falar em liberdade.

É o motivo para o analista diminuir o suposto tempo da sessão, a fim de, exatamente, favorecer ao analisando conclusões precipitadas, no sentido da química: conclusões que associam uma dose de razão com uma dose de aposta, de afeto. Decidir antes do tempo que supostamente garantiria a ação. A pessoa é levada a suportar a angústia da precipitação de uma conclusão e a responsabilizar-se por sua decisão. Trata-se de uma posição ética. Lacan muda, assim, o ritualismo da clínica.

A psicanálise de hoje ultrapassa o interesse da clínica exclusiva do consultório. Ela também se preocupa com as variadas manifestações do laço social: na política, na família, nas empresas, na escola e na sociedade em geral.

Na política, vemos uma tensão entre personagens que funcionam no eixo da impotência à potência – "o que eu não

---

7 Referência ao título do livro: FORBES, Jorge. *Você quer o que deseja?* São Paulo: Best Seller, 2003.

consigo hoje, conseguirei amanhã" – e outros que funcionam no eixo da impotência ao impossível (a entender logicamente) – "o que eu não consigo hoje, o que é impossível prever, necessita ser inventado".

Nas famílias, não se trata tanto de esperar compreensão entre pais e filhos, mas, ao contrário, de diferenciar explicação de compreensão. Muitas coisas na vida têm explicação, mas nem por isso são compreensíveis. Há um silêncio necessário, próprio à arbitrariedade do signo linguístico: a barra que separa o significante do significado, de acordo com Saussure (1977). Esse silêncio não deriva de uma mãe ou pai bravos, ditos "castradores".

As empresas, as instituições em geral, inclusive as escolas de psicanálise, praticamente todas as que perdurarem, terão que passar pelo filtro da globalização. Isso implicará uma mudança muito grande, na qual poucos setores ficarão intocados. Mudarão os valores, o organograma, a forma de trabalhar, as parcerias, as fusões, a permanência; os talentos serão prioritários, etc. É um trabalho que está só começando.

Na educação, depois da época de acumular conteúdo, seguida do tempo da interdisciplinaridade, chega o momento de aprender a desaprender. Como diria Alberto Caeiro (1985, p. 38-9): "O essencial é saber ver,/ Saber ver sem estar a pensar,/ Saber ver quando se vê,/ E nem pensar quando se vê/ Nem ver quando se pensa./ Mas isso (tristes de nós que trazemos a alma vestida!),/ Isso exige um estudo profundo,/ Uma aprendizagem de desaprender".

Na sociedade, em geral, nota-se um movimento reacionário que tenta tratar os novos sintomas com velhas soluções. O garantido é o velho. Há que se detectar soluções emergentes da própria sociedade, de novas formas de laço social. Ousemos chamar de "monólogos articulados" mais de um milhão de pessoas dançando juntas em uma *techno parade*. Notemos o crescimento dos esportes radicais, que são uma forma de encontrar novos pontos de referência ao limite e à morte.

A psicanálise do século XXI e o psicanalista de hoje devem poder tratar de fenômenos como a euforia do luxo, as agressões inusitadas, a hipertransparência, os diários pessoais, a doença da saúde perfeita, a ideologia que assegura que para tudo tem remédio. É por essas estações que passa o bonde do sofrimento contemporâneo. A segunda clínica de Lacan envolve uma ética baseada no princípio da responsabilidade – exige consequência no laço social e não espera sentido. É uma clínica pronta para o século XXI, que vem legitimar um novo laço social, uma clínica que tem o real em seu âmago. Acreditamos que se pode ir além do pai à condição de revalorizar a dimensão da sexuação, o que implica em tocar o ponto de vergonha.

"Eu constatei", afirmava Jacques Lacan, em 16 de dezembro de 1975, "que se três nós forem conservados livres entre si, um nó triplo, representando em uma plena aplicação de sua textura, ex-siste, que é bem e belo o quarto. Ele se chama o *sinthoma*" (1975-76/2005, p. 57). Ao abordar a pulsão pela via da sexuação, Lacan diz que a mulher é para o homem um *sinthoma*. E que o homem é, para a mulher, pior que um *sintoma*, é uma devastação (ibid., p. 101). Considerando a identificação ao *sinthoma* no final de análise, Lacan fala de uma ética da responsabilidade do ser vivo e sexuado, diferente de uma ética da razão, pai-orientada pelo ideal. Complementa semanas após: "Eu penso que o psicanalista só pode se conceber como um *sinthoma*. O psicanalista é um *sinthoma*, não a psicanálise" (ibid., p. 135). Coelho dos Santos (2006) explica essa afirmação de Lacan referindo-se a uma nova operação no final de uma análise: a identificação ao *sinthoma*. Essa identificação ocorre de forma diferente em se tratando de analista homem ou analista mulher? Considerando que: "Para um homem, no final de sua análise, trata-se de poder prescindir um pouco desse amor (ao pai), que é também uma rivalidade recalcada" (ibid., p. 72), é ir além, é inventar e reinventar-se, ultrapassando a identificação ao pai, "rumo a um significante novo". Temos duas vertentes em jogo na análise de uma mulher: trata-se de substituir o pai pelo homem e, ainda, de substituir a vertigem de completar a falta fálica de outra mulher (a mãe e suas substitutas), reorientando-se pela demanda autêntica de amor, endereçada a um homem que lhe fale de amor.

O psicanalista como *sinthoma* é necessário para duas ações fundamentais: a invenção de uma solução singular ao furo no real, exigida de cada um, e a responsabilidade de sua transmissão no mundo − atenção: muito diferente de transmitir "ao mundo" −, exigência complementar e solidária que se faz também a cada um.

1. O PRINCÍPIO RESPONSABILIDADE E O INCONSCIENTE

A psicanálise nasceu e estabeleceu-se com a teoria do trauma passado e, por isso, o tratamento analítico foi definido por Freud como sendo a cura da memória. Geralmente, a pessoa procura um analista por estar acometida de algum mal-estar que a impede de atingir seus objetivos. O analista a recebe baseado na hipótese de que se algo vai mal, é porque alguma passagem da história de vida da pessoa agora é um empecilho, funcionando como um *locus minori resistentiae*, um fator constante de entrave: o trauma – a ser removido pela análise. A expressão "cura da memória" está diretamente associada a essa forma de compreender o sofrimento.

Ao longo de seu ensino, Freud teve posições diferentes na compreensão do acontecimento traumático. A primeira está relatada na Carta 69, de 21 de setembro de 1897, enviada a Wilhelm Fliess. Até aquele momento, ele havia considerado que acontecimentos objetivos da vida ficariam marcados na pessoa, tais quais cicatrizes psíquicas, determinando, daí em diante, disfunções expressas em sintomas. Na Carta 69, Freud comenta com Fliess justamente a necessidade que teve de abandonar essa primeira concepção e passar da realidade fatual para a realidade ficcional ou psíquica, assim dizendo: "Eu não acredito mais em minha neurótica" (FREUD, 1897/1977, p. 350). Ele explica os motivos de tal afirmação: 1) seu desapontamento com as tentativas de sua análise chegar a uma conclusão, com a ausência de êxito total e com as interrupções do tratamento; 2) a surpresa pelo fato de que o pai sempre era apontado como pervertido, fator determinante da histeria. Então, haveria de ser mais frequente a perversão do que a histeria, o que não parecia ser o caso; 3) a descoberta de que no inconsciente não há separação entre verdade e imaginação e que a fantasia sexual tem como tema os pais; 4) nem no delírio seria revelado o segredo das experiências infantis. A lembrança inconsciente não vem à tona, o que fez com que Freud abandonasse a expectativa de que, com o tratamento, o inconsciente fosse dominado pelo consciente. Com isso, Freud deixa de ter a expectativa da resolução completa de uma neurose e do conhecimento preciso de sua etiologia na infância. A partir desse reposicionamento de Freud, a maioria de seus discípulos passa a se referir à história como ficcional, mantendo-a, no entanto, ainda no passado. Constituem, assim, uma teoria determinista do mal-estar humano.

Entendemos ter sido Jacques Lacan, desde o seu primeiro seminário (LACAN, 1953-54/1986), quem melhor pôde reordenar o Campo Freudiano de modo a diferenciar a história da memória, lendo em Freud que o essencial é a reconstrução da história, não a sua lembrança. Que história não é o passado. Só é o passado enquanto historiado no presente. "O caminho da restituição da história do sujeito toma a forma de uma procura da restituição do passado. Essa restituição deve ser considerada como o ponto de mira visado pelas vias da técnica" (p. 21). Freud privilegia a restituição do passado, mesmo quando ele favorece uma orientação centrada na relação analítica e na atualidade da sessão. Esse ponto de vista persiste em toda a obra de Freud.

Para Lacan, a história é uma reinscrição e não uma determinação do passado. Assim ele lê Freud. Com efeito, no texto "Construções em análise", se Freud (1937b/1975) fala em verdade histórica como realidade, ele realça que se trata de uma verdade subjetivamente inscrita e propõe que essa verdade seja o eixo do tratamento, justamente porque ela se reconstrói. Não se trata de tentar convencer o paciente de seu delírio ou mostrar que a realidade não é o que ele pensa, mas reconhecer seu núcleo de verdade. Ou seja, "libertar o fragmento de verdade histórica de suas deformações e ligações com o dia presente real, e em conduzi-lo de volta para o ponto do passado a que pertence" (p. 303). A coincidência teórica de história com memória parece-nos o principal fator na visão determinista que muitos têm da psicanálise. É uma leitura possível dessa passagem de Freud, mas não é a leitura lacaniana.

Do determinismo decorre a irresponsabilidade, que aparece na frase-modelo: "se eu fiz isso, foi meu inconsciente". Essa coincidência é visível tanto em autores não analíticos quanto em autores analíticos, os mais prestigiados. Ela aparece sempre que o inconsciente – ou as instâncias psíquicas id, ego e superego, na segunda tópica – ganha a consistência de coisa, como se a metapsicologia freudiana fosse uma ontologia, uma forma de conhecimento semelhante ao empirismo científico. Quando é assim, a pessoa pode se irresponsabilizar por sua ação, atribuindo-a a seu inconsciente, exatamente como pode atribuí-la à sua biologia (p.ex., a qualquer ocorrência nos seus neurotransmissores) ou a outra "realidade" cientificamente conhecida, como ter sido enganada por outra pessoa.

Entre os autores não analíticos, é notável como Damásio (1996) concebe o inconsciente freudiano nessa linha, paralela à da sua ciência. Afirma que, como o superego ainda não foi explicitado em termos neurais, é tarefa para os neurocientistas descobrir a neurobiologia subjacente às suprarregulações adaptativas.

No domínio dos seguidores de Freud, do mesmo modo, Hanna Segal (SEGAL, 1975) considera que o mesmo objetivo de Freud de levantar as repressões e tornar consciente o inconsciente continua após novas pesquisas clínicas. Ela dá ênfase à busca em libertar o ego, promover seu amadurecimento e estabelecer relações de objeto satisfatórias. Além disso, Segal trata as instâncias psíquicas como se fossem entes e a psicanálise, a ciência que estuda e intervém sobre esses entes. Que o ego seria beneficiado ou impedido de acordo com as relações que mantém com seus objetos internos. Diz ela que relações de objeto dominadas por ansiedade e por processos defensivos afetariam a totalidade do ego, levando à sua divisão (*splitting*) e identificação projetiva patológica. Para Segal, é como se a psicanálise levasse a uma boa cognição dos "entes" psíquicos – "sabemos mais sobre a complexa estrutura dos objetos internos e sobre o crescimento do ego" – e tivesse uma finalidade cognitiva clara – um ego apto a "uma mais correta percepção de objetos" (p. 136-7).

A mídia também contribui para perpetuar uma visão determinista da psicanálise, divulgando tais pontos de vista. O *New York Times* (GOODE, 2000)[1] apresentou Stephen Mitchell como um teórico da psicanálise que influenciou o pensamento e a prática de muitos psicanalistas americanos modernos. Localizamos o autor Mitchell (1997) através das indicações bibliográficas no portal da Universidade de Harvard[2]. Mitchell (1997) comenta que, para Freud, o analista deve conhecer mais e mais a mente do paciente, a qual faz parte da natureza. O paciente aprende, através das interpretações do analista, sobre as estruturas e conhecimentos de sua mente. O autor iguala a posição do analisante com a de um aluno em relação a seu professor de biologia; quanto mais o professor disponibiliza conhecimento, mais aumenta a compreensão do aluno. Para ele, Freud percebeu a importância do conhecimento que o analista, através do convencimento, oferece ao paciente.

Com isso, o conteúdo inconsciente ganha consistência como justificativa das ações das pessoas, e o tratamento psicanalítico torna-se um trabalho de conhecimento da verdade, e não de decisão – como o é quando se responsabiliza.

A esses exemplos se antepõe a posição de Jacques Lacan. Afora o que já mencionamos do Seminário 1 – quando ele defende a ideia de que a história é sempre reescrita, e não lembrada –, podemos escolher, entre inúmeras passagens de

---

[1] Disponível em: http://www.nytimes.com/2000/12/23/national/23MITC. html?ex=1129089600&en=ca0030e4543b38ee&ei=5070.

[2] Disponível em: http://www.hup.harvard.edu/catalog/MITREL.html.

seu ensino, aquela de seus *Escritos*, "A instância da letra no inconsciente" (1957/1998, p. 498), em que ele avisa aos alunos da Sorbonne presentes em sua conferência que deverão abandonar a ideia de que o inconsciente seja uma caixa de instintos, para entenderem que o inconsciente é uma estrutura semelhante à linguagem.

A consequência, para Lacan (1966a/1998), é que, como dissera ele em "A ciência e a verdade", "por nossa posição de sujeito, sempre somos responsáveis" (p. 873). Jacques Lacan sabia que essa proposta poderia horrorizar a muitos. Diz: "Que chamem a isso como quiserem, terrorismo" (p. 873). No entanto, o que pretendemos defender nesta tese é que, ao contrário do suposto terrorismo, a responsabilidade pelo inconsciente é o melhor tratamento que podemos dar ao laço social humano, especialmente em uma época como a nossa, do declínio da função paterna. Adiante, no capítulo 2, pretendemos desenvolver essa questão.

Antes disso, colocamo-nos duas perguntas:

(1) Quanto a Freud, será que pensava os seus analisandos como responsáveis?

(2) Quanto a Lacan, de que maneira estabelecia essa responsabilidade psicanalítica diante do acaso e do encontro, que contradiz a responsabilidade jurídica do esperado e do previsível?

1.1. FREUD NÃO RESPONSABILIZA?

Em psicanálise, ao contrário do que acontece no pensamento tradicional, jurídico, a responsabilidade precisa abranger o inconsciente. Isso implica que a responsabilidade psicanalítica não está fundada na liberdade, mas, sim, no "acontecimento imprevisto", justamente no que a consciência livre não conseguiria jamais prever. Jacques-Alain Miller (1999-2000)[3] trabalhou essa questão em seu Curso de Orientação Lacaniana, especialmente na aula de 8 de dezembro de 1999.

Em outro momento, poderemos avançar sobre as diferenças entre a responsabilidade jurídica e a psicanalítica pelo sintoma. Por ora, só para situar a questão, dizemos que a responsabilidade, em psicanálise, tem forma distinta porque funda a liberdade, da seguinte maneira: primeiro, a pessoa encontra a singularidade do seu sintoma e, em seguida, vai passar ao mundo essa sua singularidade. Consegue viver com seus traços peculiares, de modo que outros – a civilização de que falou Freud – possam compartilhar sua experiência pessoal.

Aparentemente, essas duas características pelas quais temos definido a responsabilidade psicanalítica nos últimos anos (FORBES, 2002)[4] não estão na psicanálise freudiana, ainda que tantos autores psicanalistas tenham privilegiado a verdade do inconsciente, interpretando os analisandos, como mostramos, com respostas coletivas.

Defendemos aqui que, apesar da consistência conferida por Freud ao inconsciente em muitos momentos de sua obra até seus últimos escritos, suas revisões conceituais e a soberania, por ele mesmo declarada, da experiência clínica sobre a teoria fizeram da sua clínica uma prática, sim, da responsabilização.

---

3   Disponível em: www.causefreudienne.net/interface/ressources/fichiers/106.

4   Cf. nosso seminário de 2002: "Inconsciente e responsabilidade: um novo amor". *Paper* das sinopses, por Andréa Nacache. Disponível em: http://jorgeforbes.tempsite.ws/index.php?id=28.

Destacamos, da obra freudiana, momentos que indicam as duas preocupações que caracterizam a responsabilidade psicanalítica: a busca da singularidade do sintoma e, em seguida, sua implicação no mundo.

1.1.1. A singularidade do sintoma na clínica freudiana

Freud buscava, em sua investigação clínica, ressaltar aquilo que o analisando trazia de "estranho" à consciência, à civilização: o incomum e, portanto, incomunicável. Duas referências, entre as muitas que mostram isso, são os seus textos "O Estranho – *Das Unheimliche*" (1919/1976) e "O mal-estar na civilização" (1930/1974).

Colocar em relevo o "estranho" não tinha em vista suprimi-lo. A clínica psicanalítica de Freud, nesse sentido, não era adaptativa, porque não buscava tornar comum o que no paciente era peculiar e não tinha como objetivo "civilizar". Freud, ao contrário, defendia que o imperativo civilizador era componente dos conflitos humanos e, se não esperava que esse imperativo desaparecesse na história da humanidade, também não seria partidário de reforçá-lo. Tratava, na sua clínica, de saber lidar com esse limite pessoal de ser estranho ao mundo em que se vive: o limite da castração. Freud disse, em "O mal-estar na civilização": "Numa neurose individual, tomamos como nosso ponto de partida o contraste que distingue o paciente do seu meio ambiente, o qual se presume ser 'normal'" (ibid., p. 169).

É com essas articulações que a clínica freudiana torna presente a singularidade sintomática do analisando. A ruptura entre Freud e Jung ilustra bem essa orientação. Freud jamais acatou a decifração do inconsciente por uma via coletiva – de significados coletivos –, como promovido por Jung. Nela, a singularidade sintomática estaria comprometida, porque há suposição de que o "estranho" faça parte dos quadros culturais, da civilização, e que o analista tenha a chave para decifrá-lo.

Em 1924, já bem delineado o desacordo com Jung, Freud (1924[23]/1976) comenta que Carl Gustav Jung, em Zurique, e Alfred Adler, em Viena, agitaram o meio psicanalítico, provocando desvios ao darem novas interpretações aos fatos da clínica. O sucesso dessa mobilização Freud atribui à rapidez com que a massa das pessoas reage no sentido de "livrar-se da pressão das exigências da psicanálise por qualquer caminho que se lhes pudesse abrir" (p. 251). Contudo, diz Freud, o sucesso foi passageiro, assim como os danos.

Peter Gay (1989) nota como as ideias de Jung sobre os arquétipos foram dissonantes das de Freud. Ele caracteriza o arquétipo como princípio de criatividade fundado em dualidades raciais e "potencialidade humana expressa concretamente em doutrinas religiosas, contos de fadas, mitos, sonhos, obras de arte e literatura. Seu equivalente em biologia é o 'modelo de comportamento'" (p. 227). Gay diz da dissonância entre Jung e Freud porque, para ele, a teoria junguiana dos arquétipos compara-se a uma tese biológica, generalizante, que se funda de padrões coletivos de comportamento.

Hoje, talvez, possamos dizer que escapar às exigências da psicanálise é desviar-se da estranheza da singularidade do sintoma por uma acomodação na ordem comum, a das massas.

Uma segunda perspectiva continua a nos permitir ver como a clínica freudiana estava orientada para a singularidade do sintoma, que é condição para a responsabilidade. Além do seu desacordo com as teorias coletivizantes, Freud protegia a singularidade sintomática do analisando da tendência coletivizante da sua própria teoria. É assim que lemos a soberania da clínica sobre a teoria, em Freud: ele confiava primeiro no fenômeno da experiência, depois nos modelos de reflexão que ele mesmo poderia desenvolver sobre ela e, por isso, reformulava e questionava incessantemente seus conceitos.

Assim ocorre, por exemplo, quando ele revê, em 1920, sua teoria sobre o princípio que regula a vida psíquica. O título de seu texto é "Além do princípio do prazer" (Freud, 1920/1976), deixando claro que descobrira algo mais do que havia baseado seu trabalho até então. Conforme a abertura desse texto, "na teoria da psicanálise não hesitamos em supor que o curso tomado pelos eventos mentais está automaticamente regulado pelo princípio de prazer [...]" (p. 17). Agora, seria diferente. Ou seja: a clínica o levara a uma revisão teórica fundamental. Ele demonstra como a experiência, para ele, prevalece sobre a teoria. As especulações são feitas na busca de explicitar e explicar os fatos da clínica. Nesse texto, Freud afirma não encontrar, na filosofia e na psicologia, informações sobre o significado dos sentimentos de prazer e desprazer que agem tão intensamente em cada pessoa. Fica claro que Freud conduzia uma clínica anterior a quaisquer generalizações teóricas, mesmo psicanalíticas.

1.1.2. A singularidade do analisando em face da teoria analítica

Esse aspecto do trabalho de Freud pode ser percebido em "Análise terminável e interminável" (1937a/1975, p. 256), quando do ele lança uma dúvida sobre a clínica: "É possível, mediante a terapia analítica, livrar-se de um conflito entre um instinto e o ego, ou de uma exigência instintual patogênica ao ego, de modo permanente e definitivo?" Ele esclarece que é impossível e não é desejável livrar-se para sempre de uma exigência instintual, a ponto de não ficar nem resquício dela. O que pode ocorrer é o "amansamento" do instinto, este se harmonizando com o ego, acessível a suas influências e não buscando, de forma independente, seu caminho para a satisfação. Como chegar a esse resultado? Diante dessa pergunta, Freud recorre à metapsicologia, referindo-se a ela como a "feiticeira". Tinha, para ele, algo de "fantasia", já que o que a feiticeira revela não é tão esclarecedor. Mas ela lhe dá uma pista que ele considerará, a da antítese entre o processo primário e o secundário.

Freud, ainda que visasse a cientificidade (sempre coletiva e comunicável), na ambição de teorizar sobre o ser humano, reconhecia, como acontece nessa passagem, que suas fórmulas estavam marcadas por seus próprios desejos. Recorrer à "Metapsicologia da feiticeira" tinha, para ele, algo de fantasioso. Isso nos remete à definição apresentada por Kafka sobre a magia, trabalhada por Agamben (2007, p. 25): "[...] se chamarmos a vida com o nome justo, ela vem, porque 'esta é a essência da magia, que não cria, mas chama'".

Coerentemente, Freud mantinha um "não saber" no cerne das suas interpretações. O campo central da "ciência" freudiana não foi decifrado – por isso mantemos o termo ciência entre aspas, pois essa ciência não atendeu à norma positivista – nem o seria. O núcleo das análises não trazia uma resposta sobre a pessoa, não encontrava um axioma, apenas essa cifra: a sexualidade, que Freud (1937a/1975) mesmo nomeou de enigma, no trecho de conclusão do já citado texto "Análise terminável e interminável". Ele diz que a resistência aparece, impedindo que qualquer mudança ocorra. O desejo de um pênis e o protesto masculino penetram fundo e chega-se, afirma Freud, ao campo biológico, como fundo subjacente. O repúdio da feminilidade vai além do fato biológico, é parte do grande enigma do sexo. Em uma análise, só é possível saber que se ofereceu ao analisando condições de rever e alterar sua posição em relação a este fator, mas não se sabe até onde ele foi dominado. O fator de que fala Freud é a sexualidade, que ele indica como um enigma à ciência, e fundamento do "estranho".

Falar em biologia, nessa altura de suas elaborações, tem em Freud uma curiosa consequência: excluir de maneira radical a decifrabilidade do sexo, sua possibilidade de compreensão e de que ele se torne comum para o ser humano. Por outro lado, também coerentemente com a soberania da clínica e, portanto, com a singularidade do analisando, está o próprio fato de que Freud percebe a interpretação do inconsciente como interminável. Isso porque se a interpretação do inconsciente é infinita, sua falta de limite do saber do inconsciente implica, justamente, no limite do saber: nenhuma resposta será satisfatória e definitiva.

Se Freud tivesse afirmado que a análise chega a um conhecimento que diz a verdade cabal sobre o analisando, a psicanálise não responsabilizaria. Uma pessoa poderia sempre atribuir sua ação ao seu inconsciente, no sentido de desconhecimento. É o que acontece com seguidores e leitores de Freud que se satisfazem com as próprias interpretações e vendem verdades. Eles irresponsabilizam.

Mas o inconsciente freudiano é fugidio, ele tem em sua medula um "enigma" e é, portanto, inconsistente; nenhuma "verdade" sobre ele – o que quer que seja comunicável sobre ele – basta.

12

Por isso, a análise é terminável. Ela termina na experiência vivida de que ela não terminaria. Ela tem o fim precipitado pela impossibilidade de um saber completo, como buscamos desenvolver no seminário "Inconsciente e Responsabilidade: um novo amor" (2002). Nesse seminário, elaboramos sobre a precipitação analítica tratando do tempo da sessão e do corte lacaniano, em uma reflexão que vale, aqui, para a questão do final de análise. A análise permite à pessoa chegar à conclusão precipitada. Em relação a quê? É precipitada quanto a uma suposta conclusão, justa e demonstrável. Em uma análise, ao invés de dar mais tempo, tratar-se-ia do oposto, de levar o analisando à possibilidade de concluir sobre o conflito e não aguardar que o conflito seja resolvido para depois concluir. Esse tema está apresentado na obra *Você quer o que deseja?* (FORBES, 2003, p. 124), conforme segue:

> Trata-se, numa análise, de buscar um modo de trabalhar que leve o analisando à precipitação e à conclusão em ato. [...]
>
> Mas, para concluir precipitadamente, ela (a pessoa) tem que atravessar os mares da angústia, porque a primeira coisa que surge, para lembrar a diferença entre mim e o mundo, é a angústia.

Enfim, se não for por qualquer outro motivo, é em virtude dessa angústia que a pessoa não pode simplesmente entender que a interpretação é interminável, para ter terminado uma análise e tornar-se responsável. Ser capaz de entender e comunicar isso é ser capaz de suportar a inconsistência da verdade, a angústia da castração de que falou Freud, a diferença entre si mesmo e o mundo, ou seja, a singularidade.

Esse tema é tratado por Lacan (1976a) em uma conferência, em 2 de dezembro de 1975, no Massachusetts Institute of Technology (MIT), nos Estados Unidos. O autor começa sua fala dizendo que a linguística é o que poderia ter permitido à psicanálise ser uma ciência, mas que, no entanto, a psicanálise não seria uma ciência, e sim uma prática. Ele responde, nesse momento, a Willard Van Orman Quine, afirmando que devia muito a Claude Lévi-Strauss, que talvez devesse tudo (*"je lui dois beaucoup, sinon tout"*), embora tenha uma posição, quanto à noção de estrutura, totalmente diferente da preconizada por Lévi-Strauss. Acredita ele que a estrutura não tem nada a ver com a filosofia. Ao argumentar sobre o homem, a filosofia coloca, como eixo, que o homem é feito para o saber. Lacan diz que, tal como Freud, ele não tem afinidade com a sabedoria. Não faz filosofia "porque está muito longe disso aquele que se dirige a nós, para que lhe respondamos pelo saber" (p. 53).

Podemos, com Lacan, afirmar que visamos à responsabilidade sobre o não saber e não sobre o saber.

Suportar a singularidade requer o segundo passo que anunciamos: fazê-la passar no mundo. Isso porque não basta render o desejo a qualquer suposta "realidade": quando entendemos que até mesmo a história é construída e pode ser reelaborada, o mundo torna-se função do desejo. Sendo assim, cabe a cada um colocar-se no mundo com a singularidade do seu desejo, desde o seu *unheimlich*: querer o que se deseja e, eventualmente, dizer o que se quer ou conduzir-se na sua direção. Não basta render o desejo aos desejos dos outros. Ao encerrar "Análise terminável e interminável", Freud (1937a/1975) falou em "alterar sua atitude" quanto ao sexo. Lacan, em seu Seminário 24, sessão de 16 de novembro de

1976, falou em "saber fazer com o sintoma". Mas é em outra passagem de Freud que encontramos uma expressiva indicação desse momento da responsabilidade psicanalítica.

1.1.3. Passar a singularidade no mundo, na clínica freudiana

Freud (1924/1976) anuncia o caminho da responsabilização psicanalítica em um texto no qual discute a relação desarmônica entre o homem e o mundo ou a "realidade": "A perda da realidade na neurose e na psicose". É um texto em que, ao distinguir a normalidade psicanalítica das categorias psicopatológicas da neurose e da psicose – embora Freud reconhecesse na normalidade a mesma estrutura da neurose –, ele define a responsabilidade justamente pela possibilidade de a pessoa conduzir seu desejo ao mundo. Assim, na neurose, a obediência inicial é seguida pela fuga, com evitação de um fragmento da realidade. Não há repúdio da realidade, mas a neurose a ignora. Na psicose, a fuga inicial é seguida por uma fase de remodelamento. Há um repúdio da realidade e tentativa de substituí-la:

> Chamamos um comportamento de "normal" ou "sadio" se ele combina certas características de ambas as reações – se repudia a realidade tão pouco quanto uma neurose, mas se depois se esforça, como faz uma psicose, por efetuar uma alteração dessa realidade. Naturalmente, esse comportamento conveniente e normal conduz à realidade do trabalho no mundo externo; ele não se detém, como na psicose, em efetuar mudanças internas. Ele não é mais autoplástico, mas aloplástico.[5] (ibid., p. 231-2)

---

5   Os termos auto e aloplástico, segundo o editor das *Obras Completas de Freud*, são provavelmente atribuídos a Ferenczi, e Freud não parece tê--los utilizado em nenhuma outra ocasião.

Com essa posição, Freud assume uma plasticidade da realidade, do mundo, que pode acolher o desejo singular. É por isso que, quando vai mais além da realidade – mais além, até mesmo da crença no conteúdo do inconsciente –, assumindo o desejo, a clínica freudiana responsabiliza o sujeito pelo que ele pode efetuar no mundo com seu sintoma.

1.2. LACAN, DO ACASO E DA MEMÓRIA À REPETIÇÃO

Retomamos, agora, a questão: quanto a Lacan, de que maneira ele estabelece essa responsabilidade psicanalítica diante do acaso e do encontro, que contradiz a responsabilidade jurídica do esperado e do previsível?

Jacques Lacan, em sua clínica e em seu ensino freudianos, não deixou que o efeito de responsabilização se perdesse. Ao contrário, colocou-o em primeiro plano, mesmo quando a tendência prevalecente entre os seguidores de Freud foi oposta: apoiavam suas práticas sobre as "verdades" do conteúdo inconsciente.

Como dissemos, um ponto que marca a posição lacaniana responsabilizadora, desde seu primeiro ensino, foi a diferenciação entre história e memória: Lacan (1953-54/1986, p. 23) atribuía ao sujeito seus relatos, sem buscar apoio na realidade dos fatos nem em qualquer memória objetiva.

Essa sua posição é elaborada ao longo dos anos, e encontramos no Seminário 11 (LACAN, 1964/1985b) um precioso momento para mostrar a função de responsabilidade em Lacan: quando ele se vale dos dois conceitos gregos de "acaso", de Aristóteles: *tiquê* e *automaton*, para assentar o inconsciente no sujeito, singular, sem permitir que seja tratado como uma ocorrência geral, comum, justificada e, portanto, que sirva como justificativa. Tanto *tiquê* como *automaton* podem ser traduzidos do grego como "acaso" – aquilo que exclui a liberdade humana, o que acontece sem interferência da vontade e que a consciência não pode prever.

No entanto, Aristóteles marcava a diferença entre *tiquê* e *automaton* dizendo que *tiquê* era um acaso propriamente humano, à diferença do *automaton*. Nicola Abbagnano (2000) estuda essa distinção. Para ele, o *automaton* não seria um fenômeno subjetivo, mas objetivo. Comenta que, segundo Aristóteles, o acaso não se verifica nas situações que se repetem, mas naquelas que não têm uniformidade, que são da ordem do imprevisível, que constituem exceção. Aristóteles considerava como essencial para se considerar acaso a determinação da finalidade. Abbagnano dá, como exemplo, a situação de alguém que vai ao mercado para fazer compras e encontra uma pessoa que lhe deve e lhe paga a dívida. Trata-se de acaso ou sorte esse evento da restituição devido ao encontro que não foi planejado como finalidade, mas que poderia ter sido uma finalidade. Houve um efeito acidental de causas que tinham outras finalidades.

Em contrapartida, a *tiquê*, que ele traduz também como "sorte" ou "fortuna", cabe apenas a quem tem escolha e, portanto, é do domínio das ações humanas. Não se pode dizer de sorte ou falta de sorte para aqueles que não podem agir livremente. Não se fala de sorte no caso das pedras, dos animais e das crianças, já que não têm escolha. Atribuir-lhes boa ou má sorte, só por semelhança. O autor cita Protarco, que disse que as pedras do altar tinham sorte porque são homenageadas e não pisadas como as outras.

No Seminário 11, Lacan (1964/1985b) vale-se dessa distinção de maneira inusitada: trata o "acaso" para falar da "repetição", um dos Quatro Conceitos Fundamentais da Psicanálise, tema do Seminário. Aos olhos do psicanalista Jacques Lacan, tanto *tiquê* como *automaton* são expressões da repetição.

O *automaton* é a repetição dos signos, tida, no discurso corrente, como acaso em um plano geral, genérico. Talvez possamos associá-lo ao que o direito reconhece como vis maior, a força maior, um excludente de responsabilidade civil, reconhecida nos fenômenos naturais, por exemplo. Para o direito, como no discurso corrente, uma tempestade não é imputável a ninguém. Não tem causa humana. É acaso.

Para Lacan (1964/1985b), porém, que assume o ponto de vista do ser falante, o *automaton*, como a vis maior, é uma forma de repetição de signos. Nesse sentido, até mesmo a natureza é, para ele, fenômeno captado pela linguagem e, portanto, integrante dos circuitos que variam sempre em repetição. Essa perspectiva nos faz recordar, por exemplo, como a natureza pode ser tida como providência pelos homens. A realidade, insiste Lacan, é construída pelos homens por meio do princípio do prazer. Já a *tiquê* é uma repetição de outra ordem, que excede a linguagem. Lacan a toma emprestado de Aristóteles, que elaborou esse conceito em busca de sua pesquisa da causa. Para Lacan, *tiquê* é o encontro do real. "O real está para além do *automaton*, do retorno, da volta, da insistência dos signos aos quais nos vemos comandados pelo princípio do prazer" (p. 56). O *automaton* cuida de encobrir o real.

Entendemos que *tiquê*, para Lacan, é a medula da pesquisa freudiana. Veremos que é o cerne do inconsciente, um cerne sem conteúdos legíveis, sem "verdades" interpretáveis, portanto, radicalmente "estranho", mesmo sendo íntimo, a ponto de não deixar outra opção para a pessoa que se confronta com ele, a não ser se responsabilizar.

Ainda no Seminário 11, Lacan retoma o caso do "Homem dos Lobos", para questionar no que Freud está tão empenhado ao dar-se conta da função da fantasia. Ele interroga, insistentemente, o paciente sobre o encontro primeiro, o real, que estaria por trás da fantasia. Real que arrasta o sujeito. Lacan chega mesmo a perguntar se essa presença, esse desejo de Freud em descobrir isso que está velado, não teria levado ao desencadeamento da psicose desse paciente.

Repetição não é o retorno dos signos, não é rememoração. Lacan diz que a repetição está velada na análise devido à identificação com a transferência, na conceituação dos analistas, e que esse é o ponto que se deve distinguir.

Talvez possamos afirmar que Lacan, nessa passagem, aponta para um inconsciente *tiquê*, que exige responsabilidade, quando outros seguidores e leitores de Freud podem ter optado por tratar o inconsciente como *automaton*, comum, legível, decifrável. Neles, a responsabilização psicanalítica não acontece. O *automaton* é aquele inconsciente "desculpa", justificativa. Aquele que qualquer um entende. Uma "vis maior", que exclui a imputação (da linguagem jurídica: atribuição) das ações de uma pessoa a si mesma.

Freud dizia que em uma análise nada pode ser apreendido *in effigie, in absentia*. A partir daí, Lacan aponta o que poderia ser uma ambiguidade, já que a transferência nos é dada como efígie em relação à ausência. O que vem a esclarecer esse ponto é a função do real na repetição. O que se repete ocorre como que por acaso, *tiquê*, e o analista não se deixa levar por isso. Quando o paciente, por exemplo, falta à sessão e diz que algo ocorreu por acaso, que não foi por sua vontade, é com esse tropeço que ele deve trabalhar; fisgar o real. "É este o modo de apreensão por excelência que comanda a nova decifração que demos às relações do sujeito com o que faz sua condição" (ibid., p. 56). Vemos, assim, como Lacan desenvolve consequências clínicas do que diz.

Aí está o relato de uma situação clínica em que Lacan leva à responsabilização. Lembramos que, na história da psicanálise, encontramos o traumatismo como já implicando a função da *tiquê*, do encontro faltoso. Lacan chama a atenção para o fato de que, na origem da experiência analítica, seja destacado o inassimilável do real, na forma do trauma, que tem uma aparência de acidental. Daí decorre a oposição do princípio do prazer e princípio da realidade. "O trauma é concebido como devendo ser tamponado pela homeostase subjetivante que orienta todo o funcionamento definido pelo princípio do prazer" (ibid, p. 57). No processo primário faz-se presente o trauma. Por exemplo, no sonho, realização de desejo e, na repetição, o trauma. O princípio de realidade não impede a presença e efeito do princípio do prazer naquilo que é da ordem do real.

Assim, Lacan desacredita o caráter acidental e objetivo do trauma, subjetivando-o através da noção de real. Para ele, o inconsciente não é, em nenhum aspecto, um ente alheio à pessoa.

Temos dito que a responsabilidade psicanalítica é uma forma de responsabilidade pelo acaso. Essa leitura de Lacan sobre a *tiquê* mostra como isso se dá. Trata-se de indicar, na clínica, como o acaso é próprio a cada pessoa, singular, já que uma pessoa, em psicanálise, é mais que um indivíduo consciente. No seminário "Mais, ainda", Lacan (1972-73/1985a) afirma que o sujeito não é aquele que pensa, mas o que levamos não a dizer tudo, mas a dizer besteiras – sujeito do inconsciente. É "na medida em que ele não quer mesmo mais pensar que se saberá talvez um pouco mais dele, que se tirará algumas consequências dos ditos – ditos de que não podemos nos desdizer, é a regra do jogo" (p. 33, sessão de 19 de dezembro de 1972).

Miller (2005-06), em seu curso de Orientação Lacaniana III, 8, recolocou os conceitos de *tiquê* e *automaton*, invertendo a proposta de Lacan no Seminário 11 e trabalhada por nós neste capítulo. Para Miller, quando Aristóteles diz que a *tiquê* só pode ser atribuída a quem tem condições de fazer escolhas, ele vê a *tiquê* como um tipo de acaso ligado à pessoa, portanto, ao que a psicanálise chamou de "ego". Podemos pensar que por trás desse acaso pessoal, "fortuna" aristotélica, está uma ordem de coisas impessoal, o *automaton*, que seria o acaso independentemente do desejo de cada um; portanto, um acaso sem o filtro de uma psique que possa percebê-lo como uma "sorte" e sua repetição e sem qualquer relação com o ego. Em 1964, Lacan ressaltou a importância clínica da *tiquê*: a *tiquê*, no Seminário 11, é o acaso que não é indiferente para o analisando, que é seu "encontro" e, portanto, sua forma pessoal de tocar o real. Por isso, Lacan, na sessão VII, de 26 de fevereiro, associa a *tiquê* à pulsão, como algo que incide de maneira disruptiva sobre a rede significante, chamada por ele de *automaton*. A *tiquê* guarda uma relação com o "psíquico" (LACAN, 1964/1985b).

Quando Jacques-Alain Miller inverte essa fórmula, ele despersonaliza as questões pulsionais. Talvez possamos dizer que ele afasta a pulsão das questões associadas ao ego e, até mesmo, à psique. Para Miller, a *tiquê* está alinhada com o desejo e, com ele, ao sintoma, à verdade, à falta, à falta-a-ser, ao sujeito e ao fantasma – universo que podemos ver como "psíquico". Em contrapartida, o *automaton* está alinhado com a pulsão e, com ela, ao *sinthoma*, ao gozo, ao furo, ao ser, ao *parlêtre* e ao corpo – universo de elementos que não depende de um "ego" ou sequer do conceito de "psique". É interessante observar que o corpo, então, aparece afastado da psique.

Com esse deslocamento conceitual, Miller responde, a nosso ver, a um aspecto da atualidade que é a queda do dualismo entre corpo e psique, quando a psique, em sua vertente de "consciência", está em descrédito. Os saberes atuais têm atribuído a ação humana a diversas modalidades de "inconsciência" – neurológica, cognitiva, espiritual. Nesse contexto, incluir aí pulsão dando destaque a seu substrato, o corpo, é reorganizar os conceitos para que a psicanálise, através de um elemento central de seu discurso, a pulsão, mantenha-se inserida no debate atual. Os conceitos que Miller reconhece como próximos ao de *tiquê* (desejo inconsciente, sintoma como representação da verdade psíquica, falta) são criticados no mundo atual porque a moral e a ordem paterna fundada na dominância do ideal, que os determinavam, estão dissolvidas.

Se dissemos, porém, que o inconsciente tratado como *automaton* excluía a responsabilidade, vale notar que a pulsão tratada como *automaton*, como faz Miller, não exclui a responsabilidade, porque aí a pulsão não funciona como uma explicação, uma justificativa para a ação humana. A pulsão não tem objeto, diferentemente do "inconsciente" freudiano.

E por que não utilizamos, então, a inversão milleriana nesta tese? Porque entendemos que, uma vez associada à pulsão, fica garantida à *tiquê* a proximidade com os elementos atuais (elementos da segunda clínica lacaniana: *parlêtre*, furo, corpo, etc.), e não lhe pesam os conceitos de primeira clínica (desejo, falta, sujeito). Além disso, a *tiquê* realça a singularidade da pessoa e de sua situação, que o conceito de *automaton* admite, mas não preza, e, na clínica, a singularidade do sintoma é um parâmetro operativo importante, pois é uma das formas como se nomeia a demanda por psicanálise no mundo atual: a pessoa busca uma afirmação da singularidade de seu sintoma. No Seminário VII, Lacan (1959-1960/1988) define a *tiquê* como "encontro", e o "encontro", pessoal, como definido por Aristóteles, como elemento da felicidade. A felicidade também é um parâmetro da clínica atual, como desenvolveremos em capítulo posterior a esse.

Concluímos: nessa releitura da *tiquê* grega, Lacan capta uma mudança de era, tema do próximo capítulo. Na clínica lacaniana, em que a pessoa já não pode culpar o "trauma" e o inconsciente por suas ações – na clínica do inconsciente real, *tiquê* –, a grande questão torna-se a angústia da escolha. Nessa inflexão lacaniana, passamos de uma psicanálise do homem traumatizado para a psicanálise do homem desbussolado.

2. A PSICANÁLISE DO HOMEM DESBUSSOLADO

*U*ma teoria abraça a paisagem de sua época, algumas vezes para melhor, outras para pior. No caso de nosso estudo, a importância da responsabilidade face ao inconsciente só ficou mais evidente quando a organização do laço social do homem ocidental passou da chamada orientação industrial para um novo modelo, globalizado.

Essa passagem ocorreu desde meados do século XX até, principalmente, a virada do século XXI. Celebrada na obra de Alvin Toffler (2007), *A terceira onda*, foi retomada por muitos, entre eles por Gilles Lipovetsky (2004), em seu livro *Metamorfoses da cultura liberal*. A importância do estudo de Toffler é o fato de reelaborar a história da humanidade em termos econômicos e políticos, até chegar à atualidade.

De acordo com Toffler (2007), podemos pensar em três ondas de transformações sociais que marcam a história da humanidade. Ele localiza a primeira onda há 3.000 anos, começando com o advento da agricultura. É quando alguém tem a ideia de semear e cultivar a terra. O homem, que é nômade e tribal, passa a se reunir em fazendas e viver em comunidades. Vão se formando assentamentos permanentes, cidades, e a vida urbana vai sendo organizada em torno dos camponeses. Assim, dá-se a transformação das populações nômades em colonos e fazendeiros. Depois, há cerca de 300 anos, começa a segunda onda de mudança, com o início da Revolução Industrial, que marca um movimento de migração das pessoas que deixam as terras e vão para as cidades. As populações agrárias tornam-se urbanas e formam-se as comunidades industriais. Passa-se da economia baseada na lavoura para uma economia baseada na indústria. Essa transformação ocasiona um importante conflito político, em consequência do confronto entre as populações industriais urbanas e as velhas elites rurais.

Após a Segunda Guerra Mundial, os meios de comunicação favorecem o *boom* da informação. O choque é tão grande que derruba as fronteiras que separam os povos e leva ao fenômeno da globalização. Para Toffler, o fenômeno atual da globalização representa a terceira onda, que ele apresenta segundo um enfoque econômico e político. A produção e a organização econômicas passam a depender cada vez mais de informação e de uma alta tecnologia, com sofisticados meios de telecomunicação. A terceira onda envolve uma nova economia. Os Estados Unidos representam o poder dominante da terceira onda; Singapura, tão pequeno, é um país da terceira onda. Surgem focos de desenvolvimento rápido, com essa terceira onda, em lugares mais atrasados, que desenvolvem a indústria de *software*, vendendo para outros locais. Assim, diz Toffler, o poder mundial, que era bipartido, torna-se triparti-do ou mais, levando a mudanças na distribuição de poder no mundo. A forma de lidar com isso determina as guerras e os conflitos que temos hoje.

A transformação, para ele, possui implicação ética, dado que um mundo tão complexo e acelerado exige que se tomem deci-sões cada vez mais difíceis. É sob esse aspecto que Gilles Lipo-vetsky (2004) examina, de modo mais detido, as mesmas trans-formações do século XX. Seu pensamento, no referido livro *Metamorfoses da cultura liberal*, leva-o a ler essa mesma história em três fases, do ponto de vista da moral. A primeira fase, a mais longa, seria a *teológica*, em que a moral está vinculada à or-dem divina. A vigência dessa fase vai até o final do século XVII. A segunda fase é a *moralista laica*, que teria durado até a metade do século XX. Os modernos lançam as bases para uma moral desvinculada da autoridade religiosa, em que predominam os princípios racionais e universais, baseados na natureza humana. É a chamada "moral natural". Essas ideias encontram-se em todos os pensadores que emergiram desde o advento do pen-samento científico. Encontramos essa nova moralidade tanto em Voltaire quanto em todos os jusnaturalistas (Locke, Rous-seau, Hobbes), como também na *Crítica da razão prática*, de Kant. Desde o Iluminismo, a moral das luzes levou todos os pensadores modernos a colocar a moral racional acima da re-ligião. Os deveres relacionados aos homens tornaram-se prio-ritários em relação aos deveres para com Deus. É verdade que uma transformação como essa só foi possível graças à generalização e laicização da moral cristã. Como Marx esclareceu, a base filosófica do Estado moderno é cristã. Muitos filósofos importantes, como A. Kojève e A. Koyré – autores em quem Lacan[1] baseou sua doutrina sobre as relações entre a psicanálise e a ciência (MILNER, 1995, p. 37-42) –, contribuíram para evidenciar a ligação íntima entre o advento da ciência e uma concepção cristã universalizante do homem. A declaração dos direitos do homem, base filosófica e moral do Estado moderno, formaliza essa concepção cristã de homem ao enunciar que "todo homem nasce livre e igual". Essa moralidade iluminista não deixa, em seu fundamento, de ser religiosa. O que experimentamos na passagem do mundo antigo ao moderno não é o fim da religião, e sim a separação entre o Estado e a Igreja. Por outro lado, a moralidade do Estado leigo deve sua essência ao pensamento cristão. A terceira fase, atual, seria, enfim, pós--moralista, pois não haveria mais uma ordem comum às pessoas, de modo que as situações que requerem escolhas individuais se multiplicam (LIPOVETSKY, op. cit., p. 25-8).

Lipovetsky defende a tese de que o saber na modernidade assumiu o lugar do Deus, contribuindo para conservar a ordem social em sua organização piramidal, vertical, não igualitária, a despeito dos ideais da modernidade iluminista. Na passagem da Idade Média à modernidade, permaneceu viva a suposição de que haveria uma referência inequívoca, uma versão principal da experiência humana, uma verdade e um caminho certo, normal, para os homens. Essa leitura de Lipovetsky é coerente com as teses lacanianas sobre a dependência

---

[1] "Koyré é nosso guia aqui, e sabemos que ele ainda é desconhecido" (Lacan, 1966a/1998, p. 870).

do sujeito do inconsciente ao sujeito moderno da ciência, tal como Milner (1995, p. 38)[2] explicitou: "a) 'a ciência moderna constitui-se pelo cristianismo, na medida em que ele se distingue do mundo antigo'; b) 'já que o ponto de distinção entre cristianismo e mundo antigo provém do judaísmo, a ciência moderna se constitui pelo que há de judaico no cristianismo'[3]; c) 'tudo que é moderno é síncrono da ciência galileana e só existe de moderno o que é síncrono da ciência galileana'".

Freud, de acordo com Lacan (1966a/1998), teria reintroduzido na consideração científica o Nome-do-Pai (p. 889). A invenção da psicanálise é, como Lacan soube precisar, inseparável do gesto da ciência (p. 871).

Lipovetsky chama a terceira fase da história de pós-moralista, pois ela rompe com o processo de secularização tão valorizado no final do século XVII e no século XVIII. Essa ordem moral moderna somente foi abalada muito recentemente, com a globalização, quando passamos – nos termos de Lipovetsky (op. cit., p. 27) – de uma ética da razão para uma ética do desejo, no pós-moralismo. Desde os anos de 1950 e 1960, felicidade, bem-estar e sucesso passaram a ser exaltados no lugar dos imperativos de sacrifício e abnegação. O que antes era denominado moral individual, dos deveres em relação a si mesmo, tais como castidade, higiene, trabalho, parcimônia, são revestidos de uma nova interpretação como direitos individuais e opções livres.

---

2 A tradução desse trecho refere-se à página 32 da edição brasileira.

3 Milner esclarece esse ponto da seguinte maneira: o que há de judaico no cristianismo é letra. Enquanto Kojève atribui a dívida da ciência com o cristianismo ao dogma da encarnação, Lacan atribui essa mesma dívida ao gosto judaico pela letra.

Nesse momento, cada vez mais aspectos da vida da pessoa perderam sua regulação tradicional, passando a depender não apenas – como Toffler formulou – de mais decisões, mas de decisões singulares, porque já não podem contar com nenhuma referência garantida na coletividade.

Nossa compreensão desse ponto é: a orientação lacaniana na psicanálise destaca-se pela responsabilização que ela opera face à decisão. Por isso, temos publicado a ideia de que Jacques Lacan é um "analista do futuro"[4], como detalharemos a seguir.

2.1. *TIPPING POINTS*

Novas propostas dependem de determinadas circunstâncias contingentes para surgirem, mas isso não é tudo: também dependem de algo além de sua qualidade para se tornarem consequentes na sociedade.

Assim aconteceu na virada de uma nova era, o século XXI, mas desde o século XX já havia sinais de uma grande mudança no campo da moral. Assim acontece com a responsabilização psicanalítica, sinalizada em Freud e semeada por Lacan, que adquire, a nosso ver, imenso relevo hoje.

O autor norte-americano Gladwell (2000) descreve, no livro *The tipping point: How little things can make a big difference*, o momento no qual a conjunção de diversos fatores reorganiza a percepção de algum elemento na sociedade. Diante da questão de como compreender o surgimento das tendências de moda, ondas de crimes, aumento da taxa de adolescentes que fumam, de livros desconhecidos que rapidamente se

---

4   FORBES, J. "Jacques Lacan, o analista do futuro". In: *Você quer o que deseja?*, 2003, p. 205 e ss.

transformam em *best-sellers* e tantas outras alterações misteriosas na vida diária das pessoas, ele diz que a ideia é simples: basta compreender essas mudanças como epidêmicas. "Ideias e produtos e mensagens e comportamentos difundem-se como vírus" (p. 7). O autor considera três características, sendo a primeira delas a propriedade do contágio; a segunda é que pequenas causas podem acarretar grandes efeitos; e a terceira, que não é de forma gradual que ocorre mudança, mas em momento dramático. Ele compara essas mudanças com o sarampo que se espalha em uma sala de aula ou com uma epidemia de gripe no inverno. A terceira é a característica mais importante, segundo o autor, pois dá sentido às duas anteriores e possibilita o *insight* quanto ao porquê e como ocorrem as mudanças na atualidade. Malcolm Gladwell dá o nome de *tipping point* a esse momento dramático em uma epidemia, quando tudo pode mudar total e imediatamente (p. 9). Ele convoca a pensar no conceito de contagiosidade, do qual as pessoas têm uma noção biológica. Assim, frente à palavra contagioso, pensamos em resfriado, gripe ou até mesmo em algo mais perigoso, como o HIV. Mas se puder ser epidemia de crime ou epidemia de moda, os mais variados tipos de coisas poderão funcionar por contágio e virose. Gladwell toma o bocejo como exemplo de um ato sujeito a um contágio muito poderoso. Só pelo fato de ler a palavra, muitas vezes a pessoa já começa a bocejar.

Ora, entendemos que a psicanálise surge em uma sociedade cujo laço social era pai-orientado: tinha como ideal o pai, o patrão, a pátria. Após os anos 1950, no entanto, houve uma transformação no laço social. Lacan (1968-69/2008, p. 29-43) tratou explicitamente dos efeitos da "entrada do saber no mercado", que sobreviria à universalização do diploma universitário. Não deixou de advertir acerca dos riscos da universalização e da homogeneização do saber, que poderia vir a dissolver o saber sintomático, modo singular pelo qual cada um sofre e é responsável pelos efeitos do inconsciente. Lacan preparava a psicanálise para enfrentar o advento da contemporaneidade. Coelho dos Santos precisa essa questão, destacando que em resposta aos acontecimentos de maio de 1968, que pretenderam combater todas as formas de autoridade, Lacan reafirma a autoridade infundada e oracular do significante. Lacan (1969-70/1992, p. 11) define o aspecto mais essencial da teoria psicanalítica como o de ser tão somente uma estrutura, um discurso sem palavras. Coelho dos Santos (2008a, p. 188) observa:

> Com base na diferença de estatuto do saber, Lacan propõe uma rigorosa diferença entre a modernidade e a contemporaneidade. Com a Revolução Francesa nasce o real da psicanálise, juntamente com o sujeito da ciência, sujeito sem qualidades. Com os movimentos de maio de 1968, o saber se torna uma mercadoria que se compra e se vende. O saber entrou no mercado e, desde então, circula desvencilhado do peso da autoridade daquele que o transmite.

Essa transformação encontrou seu *tipping point* e disseminou-se, em sua radicalidade, apenas na virada para o século XXI, e ainda prossegue. De um lado, assistimos a uma quebra dos padrões do laço social, a uma queda do ideal, mostrando que as estruturas hierárquicas em que vivíamos não eram essenciais ao ser humano. A sociedade humana não segue nenhum padrão naturalmente determinado, apesar de assim pensarem alguns autores influentes, como Francis Fukuyama (2000).

2.2. SER HUMANO DESNATURALIZADO

Fukuyama (2000) optou por chamar a transformação atual de "ruptura social", assumindo assim a ideia de que a sociedade íntegra (não rompida) é a passada. Para ele, essa ruptura precisa ser curada, e ele pensa que a biologia trará a solução. Considera que o ser humano é por natureza um ser social, que cria ordens espontaneamente ao entrar em interação com as pessoas, visando atingir seus objetivos próprios. Para Fukuyama, o ser humano é dotado, assim, de capacidades naturais, tais como aptidão para solução de problemas de cooperação social e criação de regras morais que controlam escolhas individuais. Ele traz à baila a lenda *O flautista de Hamelin*, para dizer que as crianças que foram para outras terras, atraídas pelo som do flautista, não iriam se destruir pela violência, mas criar códigos sociais, formar tradição cultural, sistema de parentesco, de troca de bens, regras de reciprocidade, respeito, honestidade, etc. Também haveria as pessoas que iriam infringir as normas sociais, praticar crimes, o que levaria à elaboração de mecanismos comunitários para coibir as infrações. Para as crianças pequenas, o mundo divide-se entre bons e maus sujeitos. Nutrem fortes sentimentos de solidariedade com as pessoas de sua comunidade e tendem à cautela e à hostilidade com os desconhecidos. Depois, quando adultas, irão tagarelar com seus descendentes, "fulano é mau", "sicrano é bom", irão comentar sobre quem sustentou seus compromissos, quem falhou, etc. "Todas essas fofocas servirão para sustentar a moralidade comum – a espécie que é praticada em família e entre amigos ou vizinhos – e constituem a fonte do capital social" (ibid., p. 241-2).

Fukuyama não se detém nesse ponto. Apostando na natureza, ele critica o relativismo cultural das ciências humanas. Para ele, há uma natureza humana; o ser humano nasce com estruturas cognitivas e capacidades de aprender que vão aparecendo de acordo com o estágio de desenvolvimento, as quais o conduzem naturalmente para a sociedade. Considera inadequado o modelo padrão das ciências sociais e propõe que os sociólogos e antropólogos repensem o relativismo cultural, já que é possível extrair padrões culturais e morais universais. Portanto, para ele, o comportamento humano não é plástico e nem manipulável. O autor refere-se aos economistas, que consideram a forma precisa como os sociólogos veem os humanos como seres inerentemente sociais, o que é mais pertinente ao seu modelo individualista. Fukuyama refere-se, também, ao bom-senso que confirma a existência de uma humanidade essencial quanto ao modo como as pessoas pensam e se comportam, o que não foi reconhecido por cientistas sociais de gerações anteriores. Ele cita, como exemplo, a diferença natural entre homens e mulheres e o fato de sermos seres políticos e sociais com instintos morais. Para o autor, trata-se de uma discussão importante para a compreensão do capital social, já que este tende a ser gerado instintivamente pelos homens.

Nós podemos contrapor a posição de Fukuyama com a de Jacques Lacan, mesmo antes do início do seu ensino psicanalítico. Em seu texto "Os complexos familiares na formação do indivíduo", Lacan (1938/2003, p. 29-67), na introdução e no primeiro capítulo, sugere pensarmos uma organização social que não responda aos princípios biológicos, indicando uma estrutura cultural da família humana. Ele diz que a família, a princípio, aparece como um grupo natural, composto por duas formas de relação biológica. Uma é a geração, que fornece os componentes do grupo; a outra, as condições do meio que pressupõem o desenvolvimento dos jovens e sustentam o grupo, sendo que os que geraram sustentam essa função. Entre os animais, essa função é mantida através de comportamentos instintivos complexos. Mas, afirma Lacan, os fenômenos sociais presentes nos animais não podem ser entendidos a partir das relações familiares humanas. Pesquisadores os relacionam ao instinto original de interatração. Para Lacan, o que caracteriza a espécie humana é o desenvolvimento singular das relações sociais, bem como a economia paradoxal dos instintos que, no ser humano, são passíveis de conversão e de inversão e não se mostram tão fixos, possibilitando uma infinidade de comportamentos adaptativos. A conservação e o progresso destes, por dependerem de sua comunicação, são trabalho coletivo e fundamentam a cultura, trazendo outra dimensão para a realidade social e para a vida psíquica. Lacan afirma que essa dimensão dá especificidade à família e aos fenômenos sociais humanos.

Assim, Lacan diferencia a derivação biológica da organização social – que existe entre os animais – dos fundamentos da sociedade humana. Em sua passagem da psiquiatria para a psicanálise, Lacan captará essa dimensão específica da família humana, como dos seus fenômenos sociais, através da concepção freudiana do Complexo de Édipo.

2.3. LACAN LÊ FREUD: UMA INFLEXÃO DECISIVA

Em meados do século XX, quando as transições descritas por Toffler e Lipovetsky haviam apenas começado, Lacan lia

Freud preocupado com a diferença entre o que ele percebia e uma outra leitura que se tornava comum entre os seguidores da psicanálise.

De acordo com Lacan, a falta de uma ciência como a linguística confundiu os alunos de Freud, permitindo que, na interpretação de um sonho, por exemplo, eles valorizassem o conteúdo, e não a lógica. Se o conteúdo é valorizado, como defendemos no capítulo precedente, o inconsciente ganha consistência e funciona, na vida da pessoa, como uma desculpa, uma justificativa para suas ações e também para a insatisfação. Um tratamento que promove o inconsciente repleto de conteúdos tende a alimentar, portanto, o compromisso neurótico: leva a pessoa a tamponar o seu desejo, acreditando que suas dificuldades se devem a traumas vividos e a quaisquer outras determinações psíquicas.

O deslocamento da intervenção analítica para a lógica inconsciente valoriza, ao contrário, a insuficiência de qualquer conteúdo explicativo, obrigando a pessoa a continuar implicada nos seus problemas, a buscar uma ação, a ponderar alternativas. A lógica do inconsciente, quando Lacan a desenvolve, é uma lógica fundada na falta, que afirma que o desejo permanece, não cessa com respostas prontas e exige decisão constante.

Assim, no escrito "A instância da letra no inconsciente ou a razão desde Freud", Lacan (1957/1998) anunciava o eixo que ele encontrou para realizar uma mudança na psicanálise ao longo do século xx. Trata-se do "papel constitutivo do significante no status que Freud fixou de imediato para o inconsciente, e segundo as mais precisas modalidades formais" (p. 516). Esse papel do significante foi ignorado e Lacan atribui a isso dois motivos. Um, que a formalização não era suficiente para o reconhecimento da instância do significante. Freud antecipou-se às formalizações da linguística quando publicou *Traumdeutung*. O outro motivo é que a fascinação dos psicanalistas com as significações que eram extraídas do inconsciente deveu-se ao fato de elas "retirarem seu atrativo mais secreto da dialética que lhes parecia imanente" (p. 516).

Lacan respondeu à mudança nos tempos e colaborou com ela ao ler Freud primeiramente através da linguística e, depois, realizando uma formalização da lógica do inconsciente, na década de 1970, até alcançar uma nova topologia para a psicanálise, em que a organização edípica, dos lugares (*topoi*) pai, mãe e ego, pudesse ser excedida. O conteúdo da clínica psicanalítica foi sendo sucessivamente aberto, afastado dos padrões sociais vitorianos que envolveram a criação freudiana. A clínica lacaniana, por isso, foi preparada para tratar novos sintomas do mundo globalizado, como vamos tentar demonstrar em seguida.

2.4. O PRESSUPOSTO DO COMPLEXO DE ÉDIPO

Desejar, para o ser humano, é buscar algo no mundo, partindo do princípio de que o homem não possui sua satisfação determinada em sua natureza, apesar do que defendem os neodarwinianos, entre eles o próprio Fukuyama.

Como pressuposto de sua teoria, Freud sustenta a existência de um descompasso entre o homem e o mundo, o que acarreta mal-estar na civilização. A relação entre o homem e o mundo, sendo incompleta e desarmônica, na maior parte das vezes é mediada – há algo que se interpõe entre eles. Essa mediação foi nomeada de diversas formas no discurso psicanalítico: o discurso, a linguagem, a lei, a civilização.

Freud (1930/74) falou em "civilização" ou "cultura" em "O mal-estar na civilização" (tradução de *Das Unbehagen in der Kultur*), considerando que a ordem social era a via de acesso humana à satisfação e que essa ordem, no entanto, não permitiria a plena satisfação. É assim que, em Freud, o homem está em desarmonia com o mundo. Ele chama a atenção para a natureza da civilização, que como veículo de felicidade é muito questionável. Freud considera que a palavra "civilização" envolve o conjunto das realizações e regulamentos que separam a vida dos humanos daquela de nossos ancestrais animais (p. 109). Um pouco mais adiante, Freud reforça seu argumento: "Se a civilização impõe sacrifícios tão grandes, não apenas à sexualidade do homem, mas também à sua agressividade, podemos compreender melhor porque lhe é difícil ser feliz nessa civilização" (p. 137).

A analogia entre a "civilização" – esse conceito de Freud – e a regulação social pode ser vista em Lacan (1972-73/1985a), por exemplo, em seu Seminário 20, primeira sessão, de 21 de novembro de 1972. Ele fala especificamente em "direito" e "gozo", mostrando que o direito marca o gozo com uma restrição – um "estreitamento" – de mesma ordem que o "mal-estar" descrito por Freud. Lacan toma o exemplo do uso do concubinato (deitar junto) que se funda no direito. Ele lembra que no direito fica velado o que ali, no leito, se faz. E para esclarecer a relação do direito e do gozo Lacan refere-se à noção de usufruto, que está no direito, que reúne a diferença entre o útil e o gozo. O usufruto determina que podemos gozar de nossos meios, mas com a condição de não abusar deles. Lacan diz que aí está o mais central no direito: "repartir, distribuir, retribuir, o que diz respeito ao gozo" (p. 11).

A regulação social – a "civilização" e mesmo, especificamente, o direito – tem, por base, um fundamento na linguagem. No limite, é porque o ser humano é um ser falante que está sujeito ao estreitamento da satisfação.

O significante – que está na base da norma, da regulação social, da civilização ou da cultura – é causa do gozo, afirma. Assim, o gozo é adstrito aos limites do significante e às leis da linguagem. Lacan expõe essa ideia no Seminário 20, sessão de 19 de dezembro de 1972, abordando também o "estreitamento" do gozo pelo significante, nos mesmos termos com que falara um pouco antes quando comentava o direito. Ele diz que o significante é o que ordena: "Alto lá!" ao gozo. Depois do enlace, o outro polo do significante – "Pare" (p. 36). Em seguida, Lacan refere-se a Aristóteles, que faz da eficiência a terceira forma da causa, o que não deixa de ser uma forma de limitar o gozo. Lacan diz: "E o estreitamento, o estreitamento confuso de onde o gozo toma sua causa, sua última causa, que é formal, não é ele da ordem da gramática que a comanda?" (p. 37).

Nessa perspectiva, o Complexo de Édipo concebido por Freud possui a marca de uma cesura que separa o homem e o mundo, que isola o sujeito de seu objeto de satisfação. Podemos pensar que essa cesura é operada pela lei – a lei paterna, em termos freudianos –, pela civilização, pela cultura ou pela linguagem, criando um limite para a ação do homem ou mesmo, simplesmente, para o que ele pode dizer de seu desejo. Essa perspectiva, ao contrário do que possa parecer, não significa defender que o ser humano goza menos que os animais. A originalidade da leitura lacaniana é a seguinte: se de um lado "não há relação sexual", o que nos levaria a acreditar demais no estreitamento e no mal-estar, de outro há, por isso mesmo, mais-de-gozar. O gozo a mais é tudo aquilo que suplementa as relações ao sexo, que não podem contar com o instinto para assegurar sua adequação. As diferentes maneiras de posicionar-se diante da lei do desejo serão repensadas por Lacan como modos de suprir a falta da adequação instintiva e natural ao objeto.

2.5. AS TRÊS ALTERNATIVAS EDÍPICAS: NEUROSE, PERVERSÃO OU PSICOSE

Distante da satisfação, uma primeira alternativa da pessoa é aceitar os limites da mediação, concordar em chegar ao mundo só com o que o discurso comum permite, falar o que é possível dizer de acordo com as normas, acatar restrições sociais, abrindo mão de parte da sua satisfação para ser civilizado, o que Freud chamou de a solução de compromisso neurótico do Complexo de Édipo.

Há, porém, outra saída: a daquele que se dirige ao mundo sem se curvar aos limites da mediação, não abre mão da satisfação e, ao contrário, vai buscá-la exatamente onde as leis e o discurso comum indicam que a satisfação está proibida. Esse é o homem que tem satisfação ao romper a lei, o perverso. Ele não faz compromisso, ele toma para si o que quer.

A terceira saída é aquela do homem que não encontra maneira de usar a mídia ou a mediação adequadamente e toma caminhos incomuns, não aceitos, pelo discurso. Não necessariamente rompe a lei, mas não consegue encontrar a normalidade.

Ele fica à deriva em relação ao mundo, ele delira – "de-lirar" é estar fora da linha, do caminho. Esse é o psicótico.

Para Freud, sob a ordem familiar de seu tempo, essa relação do homem com o mundo mostrou-se organizada, na clínica, em torno de três termos: a mãe, representando os objetos de satisfação; o pai, mediador, que viria proibir a satisfação do filho com a mãe, fundando o limite e inserindo, assim, a pessoa na civilização; e, evidentemente, a própria pessoa ou, mais rigorosamente, o ego.

Quando Jacques Lacan estudou o Complexo de Édipo, para atuar como psicanalista, ele defendeu que essas estruturas deveriam ser pensadas como radicalmente distintas, combatendo a ideia genérica da continuidade entre elas, uma ideia dita "kleiniana", fixada pelo analista de Melanie Klein, Karl Abraham (1924/78), em seu texto "A short study of the development of the libido"[5], como apresentado no quadro a seguir, por Fenichel (1998, p. 91). Abraham assim comentara este quadro no momento da sua publicação:

O quadro pode comparar-se ao horário de um trem expresso, o qual enumera apenas umas tantas dentre as estações mais importantes. O que entre elas se situa é por força desprezado. Também se diga que os estádios registrados pela coluna principal no mesmo nível não coincidem necessariamente. (apud Fenichel, op. cit., p. 90)

Já quando Lacan organizou a psicopatologia em três estruturas, ele sequer considerou que elas se reduzissem a uma

---

5 Selected Papers, Yale University Press.

Quadro 1 Desenvolvimento libidinal

Estádios da Organização Libidinal	Estádios do Desenvolvimento do Amor Objetal	Ponto Dominante em
1. Estádio oral inicial (sucção)	Autoerotismo (anobjetal, pré-ambivalente)	Certos tipos de esquizofrenia (estupor)
2. Estádio sádico-oral ulterior (canibalístico)	Narcisismo: incorporação total do objeto	Transtornos maníaco-depressivos (adição, impulsos mórbidos)
3. Estádio sádico-anal inicial	Amor parcial com incorporação	Paranoia, certas neuroses de conversão pré-genitais
4. Estádio sádico-anal ulterior	Amor parcial	Neurose obsessiva, outras neuroses de conversão pré-genitais
5. Estádio genital inicial (fálico)	Amor objetal limitado pelo complexo predominante de castração	Histeria
6. Estádio genital final	Amor (pós-ambivalente)	Normalidade

(estádios 2 a 5: Ambivalentes)

Abraham apud Fenichel, 1998.

mesma, fundamental. Ao contrário, defendeu que nelas a pessoa encontrava a linguagem – ou o discurso, a lei, a lógica do inconsciente, o Nome-do-Pai – de três maneiras simbolicamente diferentes. Essa forma de ver a estruturação psíquica gerou o que se conhece como a primeira clínica lacaniana, que será mais comentada posteriormente.

A formalização lacaniana do Nome-do-Pai reduziu o mito ou complexo edipiano ao seu osso: a estrutura. Queremos lembrar, como já tivemos a oportunidade de mencionar mais acima, que, para Lacan, a essência da teoria psicanalítica é um discurso sem palavras (LACAN, 1968-69/2008, p. 41). No Seminário XVIII, "De um discurso que não fosse semblante", Lacan (1971/2009, p. 33) pronuncia-se sobre esse ponto da seguinte forma:

> É esse o real, o real do gozo sexual enquanto destacado como tal, é o falo. Em outras palavras, o Nome-do-Pai. A identificação desses dois termos, em sua época, escandalizou certas pessoas beatas.

O mais real, quanto ao pai, é sua função de semblante do gozo fálico. O que queremos realçar neste capítulo é a presença do pai entendido como ideal identificatório, elemento principal em todas as formas de laço social do século XX. Já no século XXI não se pode mais conceber a função do pai assim. De um lado, porque é evidente que o pai na contemporaneidade não é o suporte das insígnias do ideal identificatório. É consenso que esse pai patriarca, senhor todo-poderoso, não existe mais. O pai na contemporaneidade conservaria, então, alguma coisa de sua antiga função? Estaria ele, ainda, à altura da tarefa de transmitir às novas gerações a lei do desejo, a diferença sexual, a relação fundamental de homens e mulheres ao semblante fálico?

Tal como é necessário um programa para estabelecer a relação entre o usuário e o *hardware* de um computador, podemos dizer que entre o homem e o mundo também é necessário um programa e, metaforicamente, que o Édipo definido por

Freud foi um *software*, um programa que funcionou para nós muito bem, por um século. Mas é preciso atualizar esse *software* de modo a contemplar o mais essencial da função paterna. É nesse sentido que evocaremos, mais uma vez, a seguinte referência ao Seminário RSI (LACAN, 1974-75): "Um pai não tem direito ao respeito, nem ao amor, se o dito amor, o dito respeito, não for, vocês não vão crer nas suas orelhas, *père*(pai)-versamente orientado, quer dizer, feito de uma mulher, objeto a que causa seu desejo" (lição de 21 de janeiro de 1975).

2.6. DA UNIVERSALIDADE DO PAI EDÍPICO À SINGULARIDADE DA PAI-VERSÃO DO SINTOMA

O pai edípico, para os psicanalistas pós-freudianos, era o suporte da função, o ideal, transmissor das identificações essenciais ao laço com a civilização. Sua expressão maior dava-se no campo do saber. Era representado, sobretudo, por sua função negativa, de agente da castração, propulsor do recalque e da instalação do inconsciente. Essa posição foi transmitida ao longo da história das religiões monoteístas ao Iluminismo, no século XVIII. Porém, nas últimas décadas, em passo rápido, o saber – como propõe Lacan – entrou no mercado. Tornou-se uma mercadoria que se compra e vende em nossas sociedades: a informação tornou-se profusa, muito disponível; a linguagem e suas restrições foram flexibilizadas; o saber iluminista mostrou suas inconsistências; os modos de regulação sociais multiplicaram-se. A sociedade vitoriana que inspirou Freud no sentido de formular a hipótese da universalidade do Complexo de Édipo conservava, graças à persistência dos resíduos da ordem patriarcal, a função do pai no âmbito de suporte das identificações ao ideal. Hoje, seria preciso repensar a questão da universalidade do ideal. Dada a fragmentação das representações de mundo, dos ideais e a multiplicação das modalidades de laço social, não é mais possível apreender a função do pai pelo viés da transmissão do laço a algum universal. Seria preciso falar de "Nomes-do-Pai" para apreendê-lo em sua multiplicidade.

Na última sessão do Seminário "A angústia", Lacan (1962-63/2005) anuncia que se ele puder dar continuidade a seu seminário, tratará dos Nomes-do-Pai. Ele lembra que, no mito freudiano, o pai aparece de modo mítico, e seu desejo invade e impõe-se aos outros. Lacan vê aí uma contradição com o que mostra a experiência, já que através do pai se dá a normalização do desejo seguindo a lei. Também considera que a necessidade de manter o mito, junto com o que nos mostra a experiência da carência da função paterna, nos leva para a questão do pai saber a qual 'objeto a' seu desejo se refere. O que um pai transmite ao seu filho tem muito mais relação com sua fraqueza (seu desejo por uma mulher) do que com suas grandezas, isto é, a coleção de insígnias do ideal que ele pudesse, talvez, ostentar. Lacan declara que o pai é um sujeito que avançou na realização de seu desejo e que não é *causa sui* (p. 365).

Essa passagem enigmática anuncia talvez a tese de que um homem só é pai na medida em que coloca uma mulher em posição de objeto a, causa do seu desejo. Um pai somente é digno de ser considerado como tal graças à sua coragem de afrontar uma mulher, causa do seu desejo. No Seminário XVIII, Lacan (1971/2009) discorre sobre o caráter quase etológico do comportamento sexual humano. Um menino, ao chegar à idade apropriada, deverá aprender a "bancar o homem", sinalizando, para uma mulher, que ele porta o *phallus*. Uma mulher seria, nesse sentido, a hora e a prova da verdade. É ela quem atesta a conjunção do semblante masculino e o significante do gozo, o *phallus*. Coelho dos Santos (2008b, p. 203) comenta:

> A formação do homem é feita para responder à hora da verdade, a despeito de que a identificação seja semblante. Por isso, é mais fácil enfrentar um rival do que uma mulher – na medida em que ela é o suporte desta verdade – do que existe de semblante na relação do homem com a mulher. Ao nível do discurso, o semblante é o gozo e o gozo é semblante. Ninguém melhor que a mulher, enquanto ela é a prova da verdade para um homem, conhece a disjunção entre o semblante e o gozo. A conclusão que Lacan extrai dessa articulação é contundente: somente essa prova da verdade pode dar seu devido lugar ao semblante enquanto tal. Para conhecer a verdade de um homem é preciso saber quem é sua mulher, a propósito, sua esposa. Quanto à mulher, nunca se trata da mesma coisa, pois ela consegue dar peso a um homem mesmo que ele não tenha nenhum.

Se a mulher, para o homem, é o *phallus* e isso o castra, veremos o que o homem é para a mulher. Lacan tomou essa questão, nesse momento, no plano de uma equivalência. É válido afirmar que o homem, para a mulher, é o *phallus* e isso a castra. Não é assim que ele retomará a questão no Seminário 23, "O *Sinthoma*". Reparte da dissimetria. Uma mulher é um *sinthoma* para um homem, ela o divide. Já o homem, ele é para a mulher algo pior que um *sinthoma*, uma aflição. Um homem, potencialmente, devasta-a.

Tendo em conta essa inflexão do ensino de Lacan, desde o Nome-do-Pai até os Nomes-do-Pai, seria preciso rever o uso que fazemos da psicopatologia de ordem edípica do primeiro ensino de Lacan. Tripartida nas categorias de neurose, psicose e perversão, como uma estrutura de saber única e universalizante, ela deveria ser retomada sob um novo ângulo que valorizasse mais a contingência da função paterna e do Nome-do-Pai, em consequência do desejo singular de um homem por uma mulher. Seu pressuposto piramidal, triangular, precisa ser questionado e reelaborado, deslocando-se da outrora supervalorizada interdição edípica para ressaltar, sublinhar a dimensão de invenção, de versão que o Nome-do-Pai assume no sintoma de cada sujeito. Mais além das categorias classificatórias da primeira clínica lacaniana, vemos desenhar-se um novo horizonte que enfatiza a singularidade do sintoma como resposta de um sujeito ao real. O sintoma, nessa nova perspectiva, é a "pai-versão" de que cada um é capaz.

3. A PSICOPATOLOGIA E O FINAL DA ANÁLISE

$\mathcal{A}$ psicopatologia é o mapa pelo qual o clínico se orienta e é importante discuti-la quando estamos revendo a atualidade da práxis psicanalítica. Neste capítulo, a psicopatologia será examinada em dois aspectos. Primeiramente, como a entendemos hoje. Depois, como foi sua presença na história da psicanálise.

3.1. COMO ENTENDEMOS A PSICOPATOLOGIA

Pensar, inicialmente, em como entendemos a psicopatologia implica decidirmos se hoje consideramos que ela gera determinantes estáveis. Isso implicaria que, nas afirmações "este paciente é psicótico", "aquele paciente é histérico" e "aquele outro é maníaco", estar-se-ia descrevendo uma entidade. O quadro psicopatológico determinaria um estado, objetivamente observável. É uma maneira de ver frequente na medicina, que gerou o propalado movimento da Medicina Baseada em Evidências.

No entanto, na própria medicina há outra possibilidade; por exemplo, na visão de Carol Sonenreich (2005), quando discorre sobre o diagnóstico. Esse autor considera que a psiquiatria limita-se às operações de sua competência, mas inserida na comunicação, nas relações humanas, sem aspiração a verdades absolutas. Na psiquiatria, segundo ele, não se busca unanimidade diagnóstica, a qual não daria garantia quanto à eficácia do tratamento. Constroem-se pontos de vista médicos em relação à situação do paciente, o que não tira a legitimidade de outros pareceres. Para ele, o diagnóstico não expressa necessariamente os fatos em si, mas o pensamento médico. "Fora da Medicina, o diagnóstico não tem sentido médico" (p. 83).

Essa é nossa posição. Entendemos a psicopatologia como Carol Sonenreich, mantendo a ideia de que fora da clínica o diagnóstico não tem sentido psicanalítico. Lacan não era nominalista. A linguagem, para o psicanalista lacaniano, não possui apenas a função supostamente precisa de descrever e refletir, de comunicar e formular ideias para que o outro compreenda. A linguagem é um semblante, constitui o objeto sobre o qual operamos como analistas. Nosso objeto não é exterior e nem autônomo em relação à nossa prática. Mas, ainda, a própria eficácia da comunicação pode ser posta em questão. Ainda que dois clínicos conheçam a mesma linguagem técnica, temos a experiência de significativos desacordos diagnósticos e prognósticos. Daí nosso entendimento de que o diagnóstico tem valor *ad hoc*.

Jacques Lacan (1953-54/1986, p. 18) é consoante a Carol Sonenreich nesse aspecto, quando diz, em seu Seminário 1, "Os escritos técnicos de Freud", que os conceitos psicanalíticos devem se adequar à mão de cada pessoa. Sua questão, nesse ponto, é como o clínico deve apreender as regras práticas da psicanálise delineadas por Freud. Elas devem ser usadas como uma ferramenta, que cada um tem seu jeito próprio de usar, e há, ainda, os que prefeririam uma ferramenta diferente, mais adequada às suas mãos. Lacan ressalta a liberdade que Freud inclui na formalização das regras técnicas.

Alinhado a Freud, Lacan marca com liberdade a chamada "técnica psicanalítica". Então, sua psicopatologia afasta-se da "medicina baseada em evidências" assim como a psiquiatria de Sonenreich. Tanto para este como para a psicanálise lacaniana, a teoria permanece aquém da clínica, como foi desenvolvido amplamente no capítulo 1 deste livro. Jacques-Alain Miller (1998) diz que é por não haver dogma lacaniano que existe a orientação lacaniana. Não há compêndio dogmático, "só a Conversação com os textos fundadores do acontecimento Freud e um confronto contínuo entre a experiência e a trama significante que a estrutura", diz Miller.

Conceber a psicopatologia de maneira diferente dessa pode ser não apenas ineficaz, mas também perigoso. O psicanalista ou o médico que entende ter condições de objetivamente identificar e conhecer a psicopatologia tende a distinguir normal e patológico sob uma moral: se é bom é normal, sendo o patológico o mal a ser expurgado. Sua prática passa a ser corretiva e sujeita a seu próprio juízo. Torna-se totalitária, justamente porque está fechada: não admite as vias singulares de vida do seu paciente, para que ele encontre uma maneira criativa de expressar o gozo da vida. Ao contrário, ao impor um diagnóstico, impõe uma visão da realidade, a sua, sob o risco de que o enquadramento do seu paciente nela jamais seja perfeito; sob o risco de classificar o paciente, portanto, como imperfeito.

Nos primeiros parágrafos de "A direção do tratamento e os princípios de seu poder", Lacan mostra como o psicanalista, ao contrário, por apreender a psicopatologia de maneira pragmática – associada apenas à práxis, *ad hoc* – pode dirigir o tratamento sem dirigir o analisando. "[...] a impotência em sustentar autenticamente uma práxis reduz-se, como é comum na história dos homens, ao exercício de um poder" (LACAN, 1958a/1998, p. 592).

3.2. A PSICOPATOLOGIA NA HISTÓRIA DA PSICANÁLISE

Examinaremos agora como, ao longo de sua história, a psicanálise tratou as classificações psicopatológicas, sumarizando três abordagens distintas. A primeira tem sido reconhecida como kleiniana, embora suas raízes estejam em Abraham. As outras duas são a primeira e a segunda clínicas de Lacan.

Já de início, podemos indicar que a primeira abordagem – dita kleiniana – fixa um objetivo a ser atingido no tratamento, definido como uma certa posição do sujeito perante seu objeto. Há uma posição que a clínica evita, portanto, e outra que ela busca, a de *preservação* do objeto. A teoria, nesse caso, consiste em uma reflexão sobre como a pessoa lida com o outro, se é ou não capaz de preservá-lo.

A segunda abordagem a considerarmos é a da chamada "primeira clínica de Lacan". Consiste, em síntese, em uma reflexão sobre como a pessoa lida com a ficção que faz de si mesma, seu "fantasma". Essa clínica dirige-se à "travessia do fantasma".

A última, enfim, leva a uma redefinição do estado de felicidade da pessoa: como ela pensa sua felicidade? Esse é o ponto mais tenso, porquanto mais atual, que nos caberá desenvolver.

3.3. PRIMEIRA ABORDAGEM

Dentre os inúmeros autores da primeira abordagem, basearemos nosso exame em Abraham (1924/78)[1], atentando ao seu quadro sobre o desenvolvimento da libido, apresentado ao final do capítulo precedente. Nele, como foi dito, as estruturas psicopatológicas são consideradas em um contínuo progressivo de amadurecimento, no qual haveria inclusive mais etapas intermediárias, não expostas pelo autor apenas por motivo didático ou de síntese. Quando ele assinala que não há necessária sincronia entre os estados de organização libidinal e os estados de desenvolvimento do amor objetal, apenas reforça o objetivo clínico por ele delineado de que, alcançada a organização libidinal genital, final, no adulto, o paciente venha a desenvolver um amor objetal sem os limites do complexo de castração, que o envolveria em sintomas histéricos. Ao cabo do processo – de vida normal ou de tratamento clínico –, o paciente chegaria à "normalidade", assim mesmo designada por Abraham, definida como o amor objetal pós-edípico sem ambivalência.

---

1 ABRAHAM, Karl (1924). *Histoire de la libido. Les stades de la libido:* de l'enfant à l'adulte. Paris: Tchou, 1978.

A clínica de Abraham e, em decorrência, a de Klein, que ele influenciou, serão marcadas, então, por um conceito ainda não comentado aqui: a contratransferência. Trata-se do sentimento provocado no analista pelas atitudes do analisando, especialmente os pontos cegos deste. É atento à contratransferência que o clínico percebe a forma como a pessoa lida com seu objeto: se o está introduzindo, "cuspindo", clivando – seu movimento mostra-se nas diversas faces do laço transferencial.

Essas diversas faces levaram os psicanalistas dessa vertente a identificarem a fase oral na forma do "engole ou cospe" em relação ao analista, verificando, por exemplo, se o paciente ataca o analista com suas fantasias primitivas e sustentando a ideia de que um tratamento tão primitivo do "outro" é *psicótico*. A fase anal aparece no controle: o paciente controla-se na sessão, preserva a si mesmo e ao outro a partir da culpa pelo desejo, define espaços. Essa é a transferência obsessiva. Já a transferência histérica está ligada à falicidade. O sujeito histérico está constantemente disputando o falo, em uma luta de desprezo e potência. Finalmente, nessa clínica, a normalidade aconteceria quando entre analista e analisando se atingisse uma posição de "não temos mais nada a dizer um para o outro"; ocorreria a chamada liquidação da transferência e, assim, o final da análise.

3.4. CONTRAPONTO

Na clínica lacaniana, um psicanalista não se ausenta (FORBES, 2005b). Para o analisando, ele assume o lugar do imprevisto, que Lacan chamou de real. Não se trata da realidade conhecida, previsível, programada, de perguntas e respostas que podem ou não nos satisfazer, de julgar certo e errado, bom e mau.

O real está sempre presente, já que ele é a falha da realidade. Ele não se ausenta. Aparece como angústia, o que não se trata de insatisfação com a ausência de algo; aparece também no amor – materiais da psicanálise.

A clínica lacaniana, em oposição à abordagem anterior, não conduz à liquidação da transferência. Como real que terá o lugar da surpresa criativa para o analisando ao final da análise, podemos dizer que, em Lacan, o analista se transforma de uma presença em um presente.

Em poucas palavras, isso se dá porque, já na primeira clínica lacaniana, o foco não é a relação do sujeito com o outro (a outra pessoa), como dissemos, mas, sim, a relação da pessoa com a ficção que ela sustenta de si mesma, na sua relação com o Outro.

Interessante notar, com Jacques-Alain Miller (2004-05)[2], em seu Seminário *Pièces Detachées*, que Lacan, ao descrever os planos de junção do sujeito com o Outro, ao mesmo tempo anuncia, nesse mesmo ponto, a clivagem futura que será descrita na segunda clínica. "E é precisamente aí, quando Lacan faz ver tão claramente as junções, é aí que ele prepara as disjunções" (12 jan. 2005).

Ao colocar o analista na posição de objeto, Lacan faz notar como a função do objeto é irromper nessa ficção, obrigando a pessoa a se reposicionar. Em outras palavras, Lacan parte do princípio de que a pessoa não apreende o objeto porque está condenada a deter-se antes, em sua própria ficção. Mas a pessoa pode se permitir o contato com esse objeto, a ela sempre "estranho", se for responsável pelo caráter ficcional de sua

---

2   Mimeografado.

interpretação da vida, ou seja, se descobrir que, ao ler a vida, coloca "algo de si".

O analista assume a posição de objeto na clínica apenas para oferecer ao analisando a experiência do inapreensível, levando-o a vacilar em sua ficção e assumir que sua leitura é sua criação. Na "Abertura" dos *Escritos* – que também são, como texto, objeto –, Lacan conclui dizendo do objeto como causa do desejo e como suporte do sujeito entre verdade e saber, convidando o leitor a colocar algo de si. "Queremos, com o percurso de que estes textos são os marcos e com o estilo que seu endereçamento impõe, levar o leitor a uma consequência em que ele precise colocar algo de si" (LACAN, 1966b/1998, p. 11).

Poder assim "atravessar" a sua ficção implica ser capaz de subtrair-se de sua classe psicopatológica, que é sempre regida pela civilização, pelo comum e, portanto, é genérica. É assim, em outras palavras, que através da psicanálise lacaniana a singularidade do analisando ganha vez e, a partir dela, uma modalidade de transferência que não se extingue na "normalização": apenas se "normaliza" na diferença, na busca da diferença e do objeto, considerando que o laço de desejo (do outro), fundamento do laço social, no final da análise, é mantido.

3.5. VOLTANDO À PRIMEIRA ABORDAGEM: UMA CLÍNICA CONTRATRANSFERENCIAL

Uma vez definida a psicopatologia à maneira de Abraham ou, então, de Klein, a clínica tornou-se contratransferencial. Ela determinava a presença do analista como uma tela em branco: o trabalho seria todo realizado em torno da relação do analisando com o analista, do que o analista sente sobre a maneira que a pessoa lida com ele, ou seja, a contratransferência. Por isso, era preciso que o analista recebesse o analisando com assepsia de seus traços pessoais. Ele haveria de deixar a pessoa projetar nele suas próprias fantasias, sem delimitá-las por seus aspectos característicos.

Nessa medida, já desde 1910 começa a formar-se um regulamento clínico, marcado pela disposição dos seguidores de Freud, antes que dele mesmo. Freud atendia em sua casa, na casa do paciente e em hospitais. Em sua sala, mantinha inúmeros objetos de coleção e viagens, e poderia receber pacientes – como recebeu Kardiner (1978) – em uma ocasião e outra, até em presença de sua família: marcou a primeira entrevista com Kardiner na estação de trem, quando chegava de férias.

A clínica contratransferencial, porém, marcou um procedimento distinto de seus analistas, que viravam os divãs para a porta para que o paciente pudesse levantar e sair da sessão sem sequer ver o rosto de quem ouvia suas confidências; que não atendiam pacientes que morassem próximos de suas casas, para não encontrá-los na vida cotidiana; que, aos poucos, suprimiram objetos de decoração das suas salas, neutralizaram suas roupas, esconderam suas famílias e relacionamentos pessoais e, a um tempo, não expunham ao analisando sequer o seu trabalho teórico.

Essa orientação, que crescia dentro da Associação Internacional de Psicanálise nas primeiras décadas do século XX, não foi traçada apenas sob os desenvolvimentos teóricos de Klein. Com certa compatibilidade, o pensamento dos psicanalistas annafreudianos permitia e, eventualmente, promovia essa ordem, em seu intento de dominar o inconsciente pelo ego. A análise dos mecanismos de defesa usados pelo ego, entre os annafreudianos, também atuava identificando, à sua maneira, padrões do sujeito. Também houve a preocupação, muitas vezes, em limpar de marcas contratransferenciais o diagnóstico, isolando o *setting* analítico.

Mais que a orientação de um ou outro autor, essa tendência de regulação da clínica assumiu uma face institucional. Ainda que houvesse desacordo teórico no interior da Associação Internacional de Psicanálise, correntes de analistas didatas que preconizavam essas tendências clínicas ganharam força em meados do século xx.

3.6. OUTRA ABORDAGEM: A PRIMEIRA CLÍNICA LACANIANA

A isso também responde a clínica lacaniana, desde sua primeira expressão, justamente nos anos 40 e 50 do século xx. Jacques Lacan propõe-se, nesse momento, rever o conceito de inconsciente assumido pelos seguidores de Freud, preocupado com os caracteres obsessivos que a prática analítica freudiana assumia. Ele repensa o diagnóstico psicanalítico sob a perspectiva das estruturas clínicas na "pai-orientação", como desenvolvemos no capítulo precedente. Em outras palavras, Lacan lê o Édipo como estrutura, e o inconsciente estruturado como uma linguagem. Implica que o tratamento analítico não será conduzido por ele na relação interpessoal, mas, sim, remetido à linguagem e à lógica do inconsciente pela perspectiva da ficção. Com isso, ele escapa à consideração da clínica de "ego a ego", a ser visto como objeto apreendido ou repelido da transferência e a ter que trabalhar sob o "eu sinto que você...", na complicada e pouco garantida higiene do sentimento contratransferencial.

Com tal novidade, sua releitura consiste em uma retificação imensa do conceito e da utilização em psicanálise da contratransferência. Não é que Lacan não reconheça a contratransferência: ele a reconhece e fala sobre ela. Mas ele diz que a contratransferência não é um instrumento para o analista. Ao abordar o tema da resistência e da análise das defesas, na aula de 27 de janeiro de 1954, Lacan (1953-54/1986, p. 41-5) classifica a utilização da contratransferência como um método inquisitorial, que não tem emprego técnico. Ele comenta a postura de certos analistas em relação a seus alunos, que ainda estão a perguntar sobre o que o analisando pode ainda apresentar como defesa. Não como uma atitude policialesca de encontrar algo escondido, mas ficam tentando descobrir que forma o sujeito encontrou para se colocar numa posição em que tudo o que o analista lhe diz não tem efeito. Não é que esses analistas acusem os analisandos de má fé, pois esta diz respeito ao conhecimento, mas atribuem a um fator de má vontade fundamental do sujeito. Lacan diz que isso o leva a chamar esse estilo analítico de inquisitorial. Com essa perspectiva, Lacan critica essa forma de compreender a análise das defesas, que produz algo, um erro que não é um erro, anterior ao verdadeiro e ao falso. Diz ele que algumas interpretações são tão justas e verdadeiras que não há como dizer se respondem a uma verdade ou não. Lacan orienta para que se abstenha da interpretação da defesa do tipo ego a ego, pois é importante que haja sempre um terceiro termo nas interpretações da defesa.

Cabe-nos agora, então, examinar a consequência clínica dessa releitura. De imediato, pode-se dizer que ela se desdobra em três reorientações, considerando as três estruturas: perversa, psicótica e neurótica.

3.7. CONSEQUÊNCIAS CLÍNICAS

Quanto ao perverso, Lacan (1973/2003) afirma que não se deve aceitá-lo em análise, pois os canalhas tornam-se bestas, o que já é alguma coisa, mas sem esperança. Quanto ao neurótico e ao psicótico, as condutas clínicas, segundo Lacan (1958b/1998), devem estar em clara distinção. Enquanto na neurose o tratamento analítico consiste – desde Freud, apenas considerando, agora, um viés estrutural – em conduzir o analisando em um despojamento das identificações (que sustentam, como uma linguagem, sua ficção de si), no psicótico essa conduta é perigosa, porque, em virtude de sua estrutura distinta, esse processo tende a desencadear um jorro de remanejamentos do significante, o que leva a um desastre do imaginário, ou, em outras palavras, ao surto.

É necessária uma mudança de posição do analista frente ao psicótico. A transferência neurótica, aí, não opera favoravelmente à clínica. Como Freud notara no tratamento de Schreber por Flechsig, afirma Lacan, a postura do Professor Flechsig, de pesquisador destacado, não deu conta do vazio irrompido pela *Verwerfung* inaugural. "Pequeno Flechsig", gritavam as vozes. Freud aponta, na transferência que Schreber efetuou, a pessoa de Flechsig como fator desencadeante da psicose (ibid., p. 588).

Lacan (1955-56/1985c, p. 235), então, propõe que o analista assuma a posição de "secretário do alienado" no tratamento da psicose, posição que já foi criticada como denunciando a impotência dos alienistas. Mas, além de Lacan orientar para que o analista funcione como secretário do alienado, ele também propõe que tome ao pé da letra o que este lhe diz. Sabe--se que a recomendação clássica era a contrária, que tal prática deveria ser evitada. O analista sustenta o que o psicótico lhe conta para que uma cadeia associativa se mantenha.

Já na neurose, a posição clínica que Lacan indica pode ser vista sobretudo no escrito "A direção do tratamento e os princípios de seu poder" (LACAN, 1958a/1998), quando ele afirma que o analista funciona muito mais pelo que não sabe do que por aquilo que sabe. Lacan diz que, embora muitos rotulem suas análises como intelectualistas, ele é o primeiro a preservar nelas o indizível, a defender que a escuta está muito além do discurso e que ouvir não implica compreender. Lacan afirma que se frustra o analisando, aquele que fala, é porque este lhe demanda algo. O analista pode responder, mas o analisando sabe que são só palavras e que não é isso que ele pede. Sua demanda não implica nenhum objeto, é intransitiva (ibid., p. 622-3). É a partir dessa posição de "não saber" do analista que a clínica lacaniana conduzirá à posição a que nos referimos, do analista como presença. No "não saber" reside o estado do analista, e não na reflexão que ele possa ter – "o analista cura menos pelo que diz e faz do que por aquilo que é" (ibid., p. 593). Lacan observa, em seguida, que o analista "é tão menos seguro de sua ação quanto mais está interessado em seu ser" (ibid., p. 593-4).

Nessa posição – de objeto que irrompe e desperta o analisando de sua ficção – ele faz com que os neuróticos gerem uma interpretação. O problema é que o sujeito histérico a gera, mas o obsessivo, não. Se pensarmos que tanto a histeria como a obsessão são estruturas neuróticas como apresentadas no capítulo 2 deste livro e, portanto, são soluções de compromisso de quem aceitou uma identidade não-toda no mundo, preço pago para entrar na cultura, podemos entender que ambas as estruturas operam em função da *falta*, para recobri-la.

A estrutura histérica organiza seu discurso a partir da perspectiva de suprir a falta no futuro, expondo a falta presente. Então, deixa-se tocar pelo não saber do analista, propondo-lhe hipóteses do que poderia recobrir sua falta, para que o analista indique a resposta correta. Assim, gera interpretações. O sujeito histérico tenta produzir um mestre, aquele que sabe. Sempre "tenta", mas jamais aceitaria alguma resposta final do analista, e por isso a manutenção da posição do analista em não saber permite que a associação analítica do sujeito prossiga, sem nutrir o sintoma (como ocorreria se concedesse a resposta), propiciando, em um primeiro momento, que a investigação do sujeito passe a indagar o inconsciente (não o analista) e, depois, seu encontro com o real – a impossibilidade da resposta na conclusão da análise.

Já o sujeito obsessivo não expõe a falta em seu discurso. Ao contrário, ele recobre a falta com as respostas que já possui, com o discurso que já tem a seu alcance. Por isso, o sujeito obsessivo não se sensibiliza, em princípio, com o não saber do analista. Não se sente compelido a falar. Precisa ser demovido de sua posição para se analisar. Haverá necessidade de histerizar seu discurso: que falhem, primeiro, suas certezas; que ele encontre uma falha em sua imagem. Para Lacan (1969-70/1992, p. 31), o discurso do analista não se confunde com o discurso do analisando. O analista funda, na experiência analítica, segundo o autor, a histerização do discurso, ou seja, através de condições artificiais, o analista procede à introdução estrutural do discurso da histérica.

Eis as orientações que Lacan introduziu com sua primeira clínica. Assim se procedia desde os anos 1950, enquanto a reflexão analítica das estruturas era continuamente elaborada por ele. A primeira clínica foi pensada de maneira bastante estável, com início, meio e fim. O início consistia na retificação das relações do sujeito com seu inconsciente, quando ele descobria que, nos lapsos do seu discurso (ou no sonho, no seu chiste, tal como propusera Freud), algo era dito por si. Algo que lhe era estrangeiro e íntimo – o "estranho" a que já nos referimos – falava como seu inconsciente. Trata-se da etapa do tratamento em que se introduzia o divã para o paciente, quando, por exemplo, ele dizia ao analista: "eu sonhei com você". A passagem do paciente da cadeira para o divã dava-se aí porque, no sonho, o analista podia detectar a instalação de uma "outra cena" para o sujeito, marca de sua divisão. Esse é o primeiro tempo da análise, da chamada "retificação subjetiva", justamente porque a busca histérica para de indagar o outro – a pessoa do outro – e volta sua investigação incessante para o "Outro estrutural", o inconsciente, em sua riqueza de linguagem.

Em seguida, desenrola-se o tempo central da análise, do desbastamento das identificações. Isso se faz de modos distintos na histeria e na obsessão. Iremos nos valer das anotações pessoais que fizemos do curso de A. J. Greimas sobre a tensão dialética do discurso em seu quadrado semiótico, especialmente a maneira como define neologismo e arcaísmo. Tanto um quanto outro geram perda no circuito da significação: o neologismo por ser uma fala nova, que não se articula com o discurso; e o arcaísmo, uma fala velha, que não produz novos recortes. Como o obsessivo não expõe a falta e, ao contrário, recobre-a com as respostas que já possui, podemos dizer que ele é arcaico em seu discurso. Seu arcaísmo o faz esperar que seus significantes assumam um significado fechado, ou seja, que, ao associar, suas associações reafirmem suas certezas, sua identidade. É o que ele espera do mestre ou, no início da análise, do analista. "Histerizado", em análise, o obsessivo, que talvez sequer falasse, pode falar, assumindo o risco do significado do que é dito ser colocado em questão. Desbastar as identificações ou despojar identidades, na análise do obsessivo, implica justamente gerar oportunidade para que o significado da fala vacile na superação do sintoma (que é uma estabilização de significante com significado).

Na análise da histeria, o trabalho é distinto, pois o que o sujeito histérico afirma não é a identidade entre significado e significante presente, mas, sim, a exclusão dessa identidade, que tem por reflexo sua própria exclusão nas articulações significantes ou no mundo. A identidade histérica está sempre em vias de constituição futura. O sujeito histérico nomeia seu desejo com um neologismo que espera satisfazer, no futuro, com um significado. A análise dá-se na vacilação do "futuro" histérico, mesma disjunção entre significante e significado feita com o obsessivo, só que, para o sujeito histérico, agindo sob a perspectiva de junção. É o tratamento que resolve a exclusão presente do sujeito: a experiência da impossibilidade de inclusão futura.

Nos dois casos, o percurso analítico constitui uma introdução do real sobre a relação do significante com o significado. O real é a surpresa (o "presente"), que também opera nas articulações humanas e que o neurótico não tem em conta. Isso porque o neurótico não pode contar com o real – uma incompreensão da sua condição humana, que lhe é "estranha" – que ele procura para a estabilidade da significação, cuja falta ele luta para recobrir. A psicanálise constitui para ele, portanto, uma introdução do real que lhe permite lidar com as variações de identidade e criar novas articulações significantes, não no puro neologismo histérico – na exterminação do atual pelo radicalmente novo, que jamais caberá no mundo –, mas justamente na fala dita, criativa, porque tensiona o discurso presente, arcaico, com o neologismo compatível, gerando satisfação e "colocando algo de si", nos termos de Lacan, para "inventar um futuro".

Essa é outra maneira de pensarmos a aloplastia proposta por Freud como "normalidade" psicanalítica – uma normalidade na singularidade do sintoma –, de que falamos no capítulo 1.

Sob esses aspectos, o desenrolar do tratamento da psicose também é distinto. A psicose apresenta caracteres tanto de arcaísmo quanto de neologismo. Seu arcaísmo, no entanto, não é o mesmo do sujeito obsessivo, porque não está ancorado no significante, pedindo fechamento do significado. Está, pelo contrário, ancorado no seu significado, constituindo uma acomodação forjada desse significado em significantes. Ao contrário do neurótico, o psicótico não chega ao mundo, à civilização, tendo deixado para trás o significado da sua satisfação; ele jamais chega ao mundo e precisa forjar sua entrada. Quando consegue, ele não encontra o caminho convencional e, por isso, "de-lira" (cf. capítulo 2): constitui uma relação arcaica (de identidade) com um neologismo, com um significante alheio à civilização. Sua metáfora, a junção entre significado e significante, será, então, tomada por ele em termos absolutos, já que é forjada e sem perspectiva de deslocamento, o que pode ser chamado de concretude discursiva da psicose.

O psicótico solicita uma testemunha que faça de seu significado um significante articulado. É esse o testemunho que cabe ao analista, como "secretário do alienado", na clínica da psicose, para permitir também a ele a aloplastia, uma fala que introduza sua novidade singular na articulação significante da cultura.

Com essas três configurações clínicas distintas, o trabalho analítico lacaniano sobre as estruturas é linear e acumulativo no desbastamento das identidades. A saída da análise, aí, foi definida na travessia da ficção identitária, ou "travessia do fantasma", em vista da singularidade do sujeito.

3.8. A SEGUNDA CLÍNICA LACANIANA

A primeira clínica de Lacan alcançou uma organização lógica precisa, pautada nas metáforas identificatórias, captando nelas a ficção do falo (que recobre a castração, a falta). Isso implicava trabalhar sempre com a articulação entre simbólico, imaginário e real, mantendo a primazia da estrutura simbólica, o que permitia a tripartição: neurose, psicose ou perversão, todas formas de responder à castração.

Embora fosse orientada às metáforas identificatórias, era uma clínica que visava deslocar essas metáforas até que a apreensão do "interminável" deslocamento – que a identidade pode sempre se reestruturar sob uma nova imagem – compusesse o final da análise. Como em Freud, a análise termina na apreensão de que ela é interminável. Com isso, o desejo, que é deslocamento de significantes, possibilidade de mudança identificatória, fica permitido e encadeado no final da análise. Nela, a passagem pela fantasia identificatória fundamental foi chamada "travessia do fantasma".

Curioso notar que há um paralelo entre a ideia em Freud e Lacan de uma fantasia identificatória fundamental com a noção, com Kelsen (1998), de como se estrutura o sistema jurídico em seu fundamento. Para Hans Kelsen, o sistema tem apoio na suposição de cada pessoa de que ele deve existir: cada pessoa suporta a norma pura (um puro significante) que funda todas as demais (como um S1). Diante da pergunta do por que vale uma norma que determina que a pessoa tem de agir de determinada forma, a resposta não pode se basear apenas na verificação de um fato da ordem do ser. Então, a fundamentação da validade de uma norma é que poderia ser colocada por qualquer autoridade humana ou supra-humana. Assim, por exemplo, a validade dos Dez Mandamentos seria fundamentada no fato de Deus tê-los dado. Mas, Kelsen acrescenta, as normas só podem ser estabelecidas por uma autoridade competente, e esta deve se apoiar em uma norma que dê poder para estabelecer normas. Mas isso não pode ir num contínuo infinito buscando a norma da norma. É preciso parar em uma norma, supostamente a mais elevada e última, dita norma fundamental. Chama-se sistema de normas ou ordem normativa ao conjunto de todas as normas cuja validade reconduz à mesma norma fundamental. Esta constitui o fundamento da validade de todas as normas que estão englobadas na ordem normativa (p. 214-6).

Tem interessante semelhança estrutural o sistema jurídico concebido por Kelsen em sua obra *Teoria pura do Direito* e o sistema da linguagem na primeira clínica, como desenvolvido por Lacan, baseado em Freud. Não podemos ignorar a proximidade entre Kelsen e Freud no início do século XX em Viena, quando Kelsen frequentou a Sociedade Psicológica das Quartas-Feiras, a ponto de ter debatido as concepções freudianas – tornaram-se conhecidos especialmente seus comentários sobre a *Psicologia de grupo e análise do ego* – que levaram Freud (1921/1976) inclusive a mencioná-lo e responder-lhe em nota adicionada ao escrito em 1923 (p. 112). Têm nos interessado as fronteiras da Psicanálise com o Direito, especialmente pela discussão da responsabilidade, nosso tema central. Foi o que nos levou a publicar um livro em coautoria com dois juristas, Miguel Reale Jr. e Tercio Sampaio Ferraz Jr., chamado *A invenção do futuro* (FORBES, REALE JR. & FERRAZ JR., 2005).

De qualquer modo, a estrutura que a psicanálise concebe sobre a psique para deslocar as metáforas, o elemento aplicado pelo analista, como viemos desenvolvendo, era o terceiro registro em face do Simbólico e do Imaginário: o Real. Na primeira clínica, ele aparecia apenas como *fading* do sujeito em sua barra, em sua divisão. Foi situado como vazio enquanto a clínica era concebida sob a primazia do simbólico. Lacan (1960/1998, p. 815) indaga, quando se trata do sujeito do inconsciente, qual o modo de responder à pergunta: "quem fala?" se, como mostra a experiência analítica, o sujeito não sabe o que diz? O lugar do interdito é onde a transparência do sujeito clássico se divide para sofrer os efeitos de desvanecimento próprios do sujeito freudiano, sua ocultação por um significante cada vez mais puro. Lacan fala da função de corte no discurso, referindo-se à barra que separa significante e significado. Diz que o valor do discurso na análise se dá pelos tropeços e interrupções e que a própria sessão constitui ruptura no discurso. Lacan destaca a importância desse corte na cadeia significante, que permite verificar a estrutura do sujeito como descontinuidade no real.

O real sustenta unidos os outros dois registros e, portanto, sustenta a ordem linguageira e identificatória da mesma maneira que cada um dos outros registros, imaginário e simbólico, também sustenta unidos os outros dois, no nó borromeano. Mas o real não é ordem sistemática nem normativa; é, antes, a substância dessa ordem, algo que não somos capazes de identificar, mas com que, após uma análise, podemos contar. Ele fura as estruturas significativas (e, portanto, de identidade), fazendo com que se recomponham, sem provocar que elas se isolem. Como muitas vezes se diz, em psicanálise, ele é o próprio significante, em sua materialidade. Ele é, por isso, justamente o *objeto* que transtorna as ficções de que falamos, cuja posição é assumida pelo analista na clínica. Como um objeto que não adere, em última instância, a nenhuma ficção de satisfação do sujeito, ele é impassível de ser nomeado como objeto do desejo – é a própria causa do desejo, a razão pela qual as ficções se criam. Em seu movimento, em seu curso pela cadeia significante e, com ela, pelas imagens que o desejo faz variarem, a pessoa goza.

O real que, como gozo, rompe a verdade identitária, faz Lacan (1975-76/2005, p. 31-2) perceber que, além da falta – que é sempre uma falta simbólica e de identidade, que visa a ser preenchida –, há o próprio furo da ficção, não contornável. Aí está o ser na segunda clínica lacaniana, quando ela começa a se compor, fundada no real. Lacan comenta que sem admitir esta verdade inicial, de que a linguagem faz furo no real, torna-se impossível o manejo. É considerando essa função da linguagem que dela pode partir o método de observação. A linguagem não é por si mesma uma mensagem, ela apenas se sustenta da função de furo no real. Ela opera a captura do real graças a essa função do furo. Trata-se de uma clínica na qual – conforme o esquema de Jacques-Alain Miller apresentado a seguir – Lacan constatou que a *falta-a-ser* tratada na primeira clínica, estrutural, uma vez que é constitutiva e dela não se escapa, é o próprio *ser*.

Isso facilmente se capta do contato com uma banda de Moebius, se pensarmos que o sujeito do inconsciente da primeira clínica lacaniana é alguém que percorre as cadeias significantes de um lado da banda, sempre com a suposição de alcançar a verdade do outro lado (a banda funciona como a barra que o divide). Porém, pela topologia da banda, sabemos que, por mais que o sujeito avance nas significações, ele pode até chegar ao outro lado, uma "outra cena" em relação ao seu ponto de partida, mas ele estará sempre na mesma superfície, significante, e não terá escapado à barra e à constante possibilidade de um outro lado, de "outra cena". Por isso, a falta, que é falta da verdade, de uma palavra final – um "juízo final"–, percebida pelo sujeito do inconsciente como uma *falta-a-ser*, é, desde a perspectiva da segunda clínica, constitutiva do *ser* de quem fala. Sua falta não importa tanto quanto o fato de que ele está em constante trato com o real do significante, da fala, que faz furo na significação.

Portanto, do *sujeito* Lacan passa a ocupar-se do *parlêtre*. Da ficção – o *fantasma* –, Lacan passa a ocupar-se do *corpo*. Do *sintoma* que tinha legibilidade inconsciente, que podia ser explicado, Lacan passa a ocupar-se do que chamou "*sinthome*", o inanalisável, o extremo "estranho" em cada pessoa, sua marca pessoal. A singularidade trabalhada por Freud e pela primeira clínica lacaniana era, afinal, real, e para ela, mais do que para a psicopatologia estrutural, Lacan optou por pender sua clínica com o passar dos anos.

No esquema formulado por Miller em seu seminário de 2005-06, primeira aula, vê-se o câmbio entre as duas clínicas lacanianas:

Sintoma	Sinthoma
verdade	*gozo*
desejo	*pulsão*
falta	*furo*
falta-a-ser	*ser*
sujeito	parlêtre
fantasma	*corpo*

Quando o pensamento de Lacan sobre a clínica chega a esse ponto, aproximadamente nos anos 1970, a distinção diagnóstica estrutural entre neurose, psicose e perversão começa a parecer tão ficcional e fantasística quanto a psicopatologia abrahamiana ou outra. Não porque efetivamente o fosse, mas simplesmente porque, em classificações como essa, há sempre a possibilidade de o analista e o analisando consentirem em uma justificativa para o gozo do analisando, que o irresponsabiliza por sua posição.

A primeira clínica lacaniana enfatizou, de Freud, o caráter responsabilizador de um deciframento para alcançar a verdade do sintoma, porque usou as estruturas como canais organizadores de uma prática que visava à verdade singular. A segunda clínica lacaniana, eventualmente chamada clínica do gozo ou do real, ao dedicar-se ainda menos às classificações, ao genérico, ao comum e ao comunicável, pôde acentuar mais ainda esse caráter da psicanálise. Há uma desistência, na segunda clínica, da responsabilidade frente à verdade, para se estabelecer uma responsabilidade frente à certeza não comprovável em demonstração lógica e que se sustenta na criação.

Essa relação entre criatividade e responsabilidade é o cerne do que examinamos neste trabalho. De qualquer modo, a teorização da primeira clínica foi necessária à constituição da segunda; uma teoria – poderíamos também dizer "uma verdade" – *ad hoc*, como o são os próprios diagnósticos que ela estabeleceu, que nasceram em resposta à sua circunstância.

Essa teorização foi incorporada pelo Campo Freudiano, que procurou nela colocar a lógica acima do jogo linguístico. Outros grupos lacanianos desse tempo permaneceram aplicando o real na clínica para deslocar identificações, multiplicando sentidos, no que chamamos aqui de jogos linguísticos. O Campo Freudiano, ao contrário – com os trabalhos de Jacques-Alain Miller, Éric Laurent, Alain Grosrichard, entre outros, nos quais nos incluiríamos –, insistiu em acentuar a singularização da clínica realizando uma radical redução lógica de tudo o que era comunicável, enfatizando os trabalhos de Lacan dos anos 1970 até sua aplicação da topologia, para chegarmos à segunda clínica, na qual o sentido e a comunicação são pura repetição (*automaton*) e o real significante é privilegiado (como *tiquê*), a ponto de colocarmos o gesto e o equívoco à frente da palavra, a poesia à frente da prosa e esgotarmos a linearidade do tratamento, como exporemos a seguir (FORBES, 1999)[3].

3.9. ALGUMAS CONSEQUÊNCIAS

A segunda clínica lacaniana desafia-nos hoje em dois pontos fundamentais. O primeiro é não constituir um linguajar co-

---

3   FORBES, Jorge. *Da palavra ao gesto do analista*. Rio de Janeiro: Jorge Zahar, 1999. Este texto fez parte de nosso trabalho para obtenção do Diplôme d'Études Approfondies Psychanalyse, concepts et clinique, Université Paris VIII, 1999-2000.

mum para que os psicanalistas possam, dessa forma, compartilhar suas experiências. A singularidade tem essa consequência na clínica. Ela é determinada pela *práxis* de cada caso, sem relato passível de estruturação semântica, o que leva a segunda clínica a só existir enquanto clínica. Por isso, nela, o exercício da apresentação de pacientes é muito mais importante do que qualquer relato. Logo, os modos tradicionais de ensino e transmissão da psicanálise ficam em questão. O passe, por exemplo, também deve mudar em decorrência das mudanças clínicas.

Durante algum tempo, por exemplo, o passador era influenciado no seu relato pela concepção do final da análise na "travessia do fantasma". Hoje, quando falamos em final de análise como identificação ao *sinthoma*, não há como não concluir que encontraremos modificações nessa estrutura. A comunicação de uma travessia fantasmática é distinta da identificação ao *sinthoma*.

Agora, a análise já não preza as estruturas comuns a ponto de permitir que se articule um tal relato; a análise dá-se, em todo o tempo, em condição singular. Tampouco o mundo está ordenado, na globalização, de modo que estruturas comuns sejam tão bem reconhecíveis como o foi o Complexo de Édipo na era vitoriana (cf. capítulo 2).

O segundo ponto que nos desafia está, por conseguinte, na transmissão teórica. O meio psicanalítico percebe e examina, hoje, como passamos de uma transmissão de razões à transmissão do ressoar – nesse *jeu de mots* (*raisonner* e *résonner*) –, quando a coerência não está mais em primeiro plano, mas, sim, o impacto poético, como comenta Jacques-Alain Miller (2005)[4] sobre o seminário *Le Sinthome*, de Lacan (1975--76/2005). A interpretação só opera pelo equívoco. Diz Lacan que "é preciso que haja alguma coisa no significante que ressoe" (p. 17). Ele considera que a ressonância ou consonância se encontra no nível do real, como um terceiro. Ou seja, o que faz acordo entre o corpo e a linguagem (p. 40).

Trabalhamos essa questão no texto chamado "Le mot touche" (FORBES, 2000), sobre o que se transmite na música eletrônica, com a qual, podemos dizer hoje, os jovens ressoam juntos – e não estão preocupados em raciocinar juntos. No mundo globalizado, o ressoar é tão importante quanto o raciocinar e não é inferior, como os iluministas consideravam. Ressoar permite o laço social baseado na articulação de monólogos. Sob o critério da ressonância, podemos conceber diferentemente muita coisa na psicanálise. É um trabalho de construção da segunda clínica lacaniana que está, por enquanto, apenas iniciando.

Uma aplicação imediata do ressoar em que podemos pensar, para a clínica, está na chamada *análise de prova*. A análise de prova surge quando Freud (1913/1969, p. 165) considera as primeiras semanas de uma análise, em que ele experimentava se a pessoa tinha ou não condições de se analisar. Assim, aceitava os pacientes, pelo menos aqueles que ele não conhecia, provisoriamente para uma sondagem. Freud considera também que esse período de experiência se justifica por razões diagnósticas. Assim, o que poderia aparentar ser uma neurose com sintomas histéricos ou obsessivos, cujo quadro fosse re-

---

4 MILLER, Jacques-Alain. *Pièces détachées*, *La Cause freudienne* – Nouvelle Revue de psychanalyse, n. 60, Navarin Éditeur, juin 2005. Este texto refere-se à aula de 24 de novembro de 2004, *Séminaire Orientation lacanienne III, 7 – Pièces Détachées*.

cente e que, à primeira vista, se considerasse apropriado para tratamento, ter-se-ia que questionar se não se trataria do início de uma demência precoce – esquizofrenia, segundo a terminologia de *Bleuler*, e parafrenia, como propõe Freud –, que posteriormente se mostraria num quadro acentuado.

A proposta foi recuperada por Lacan na primeira clínica, com "entrevistas preliminares": consistia em um tempo para se perceber se o paciente, sendo neurótico, conseguiria fazer a *retificação subjetiva* necessária para atingir a "outra cena" e instaurar o dispositivo analítico ou, então, para identificar a psicose que reorientaria o tratamento.

Hoje, na segunda clínica, não é mais isso que acontece. A "análise de prova" que podemos fazer é constatar se a pessoa é captável pelo significante ou não. Na primeira clínica, se isso ocorria, era preciso que a pessoa se deixasse captar pelo significante em cadeia, com a perspectiva de "fazer sentido". Agora, trata-se de ser captado pelo significante poético, se a palavra ou o gesto tocam seu corpo. O trabalho é outro. Consideramos que esse aspecto da segunda clínica lacaniana teve um momento de especial clareza nas palavras de Jacques-Alain Miller (1999, p. 318), durante a Conversação de Arcachon, em 1997. Narra o comentário de um analista americano sobre a psicologia do ego como "*it's wallpaper*", ou seja, não se liga para isso. E Miller transporta a analogia, dizendo que é a tripartição clássica entre neurose, psicose e perversão que consideramos *wallpaper*.

Ele ressaltou, na ocasião, justamente que a segunda clínica consiste em uma nova formalização da psicanálise, mas não em uma nova classificação, após a estrutural da primeira clínica. Miller chama a atenção para o fato de que sua colega Marie-Hélène Brousse referiu-se a duas formalizações da clínica,

75

e não a duas classificações, já que na segunda não se trata de uma classificação. Afirma que ela opõe a clínica estruturalista à borromeana; a clínica categorial e descontinuísta à clínica mais flexível, baseada na forclusão generalizada, e que ela pergunta sobre o elemento diferencial que haveria entre ambas.

Miller evoca Lévi-Strauss, em *La pensée sauvage*, que considera: "O princípio lógico é ser sempre possível opor termos (é minha Bíblia desde sempre) que um prévio empobrecimento da totalidade empírica permite perceber como distintos" (LÉVI-STRAUSS, p. 115, apud MILLER, op. cit., p. 318). Tem-se que extrair alguns traços diferenciais para fazer a oposição e os termos são sempre construídos, segundo Lévi-Strauss. O traço distintivo do lado do binário neurose e psicose é o Nome-do-Pai – sim ou não. Trata-se de uma clínica descontínua. Aqui, responde ao princípio lógico que Lévi-Strauss coloca. Mas, comenta Miller (op. cit., p. 319), em se tratando do lado borromeano, segunda clínica, o problema é encontrar o elemento diferencial que permita uma oposição que se enquadre nesse princípio lógico. A questão é que se trata de uma formalização continuísta, em que há uma gradação, e não uma oposição estanque através de elementos recortados.

Mas Miller propõe, para a gradação da segunda clínica, um critério: *ponto de capitonê, sim ou não.* Propõe generalizar o Nome-do-Pai e diz que o ponto de capitonê generaliza o Nome-do-Pai. Trata-se de um aparelho que, ao fazer ponto de capitonê, grampeia. Quando esse falha, aparece o fenômeno de "nevoeiro", *"brouillard"*, isolado por Hervé Castanet em um relato clínico, diz Miller (op. cit., p. 319). O elemento de oposição ao ponto de capitonê seria o "nevoeiro" e entre eles haveria uma gradação.

Essas considerações têm por princípio que as duas clínicas lacanianas não se opõem. Agora, diz Miller, o ponto de capitonê da segunda clínica assume duas formas principais: o Nome-do-Pai e o sintoma. O Nome-do-Pai equivale a um sintoma, sendo que "um sintoma pode exercer função de Nome-do-Pai" (p. 320). Sob esse olhar, a psicose não pode ser considerada em déficit significante, pois sua forma deixa de ser uma alternativa da clínica para ser a forma fundamental de toda a clínica, na "generalização da foraclusão", como disse Brousse. Nas palavras de Deffieux (citado por Miller, op.cit., p. 321), também, essa clínica será do sintoma, não se confundindo com qualquer clínica dos sintomas. Nela, é o *brouillard* que impede a análise, como um não ressoar. Talvez possamos dizer que o *brouillard* é a condição do que antes foi a psicose em surto. Tal como o sintoma na segunda clínica equivale ao Nome-do-Pai da primeira, o *brouillard* da segunda clínica pode equivaler ao surto psicótico da primeira. Uma vez que o surto – ou o *brouillard* – esteja estabilizado em um ponto de capitonê, o *parlêtre* terá se implicado em um "sistema", um "aparelho" de ressonância – a linguagem –, permitindo o trabalho analítico. Quem ressoa pode ser responsabilizado. Não por sua conduta como indivíduo – leia-se indivíduo consciente – nem, tampouco, pelas verdades que de seu discurso se multiplicam, como foi na clínica freudiana e na primeira clínica lacaniana. As verdades que ecoam de seu discurso (ou seja, seu inconsciente) são apenas *wallpaper* do osso que a psicanálise focaliza na segunda clínica: o ressoar da linguagem em si.

É por suas maneiras de ressoar – que jamais são únicas, tanto menos no homem da globalização – que a pessoa se torna responsável através de uma psicanálise. Ressoando. Na repetição freudiana de seu ressoar. A ponto de perceber-se – mais além de seus argumentos, sua afirmada consciência ou sua suposta liberdade – um ser de ressonância, *parlêtre*, de ressonância singular. Ressoar sempre nos seus mesmos tons, mesmo nos julgados desarmônicos pela cultura, os julgados "desafinados" da escala sonora que nos foi legada pela Igreja ocidental e que a globalização supera com sua música eletrônica e a fusão dos instrumentos orientais.

A ressonância do *parlêtre* não será de "uma nota só", como o samba de Antonio Carlos Jobim e Newton Mendonça (1959)[5] e como a ordem do Nome-do-Pai da civilização vitoriana que Freud confrontou em nome do plural do desejo. Por isso, a ressonância do *parlêtre* pode ser difícil de "fazer passar no mundo", quando desafina ou desarmoniza dos padrões. Mas importa responder por ela em análise, porque um *parlêtre*, se não toca "uma nota só", como falou Tom Jobim, é de "uma ressonância só", um aparelho, em acorde (ainda que dissonante aos ouvidos-padrão), quando faz seu ponto de capitonê.

A ressonância de um aparelho, de um sistema, compondo um acorde, contém a pluralidade que o Nome-do-Pai não comportava. Ressoar é difuso sem ser genérico, é uma composição, para usar o termo do poeta Mário de Andrade (1921),

---

5 "Samba de uma nota só" (1959): "Eis aqui este sambinha,/ Feito numa nota só/ Outras notas vão entrar/ Mas a base é uma só/ Esta outra é consequência/ Do que acabo de dizer/ Como eu sou a consequência/ Inevitável de você/ Quanta gente existe por aí que fala, fala e não diz nada/ Ou quase nada/ Já me utilizei de toda escala, no final não deu em nada/ Ou quase nada/ E voltei pra minha nota/ Como eu volto pra você/ Vou cantar em uma nota/ Como eu gosto de você/ Quem quer todas as notas/ Re, mi, fá, sol, lá, sí, dó/ Acaba sem nenhuma/ Fique numa nota só".

"arlequinal" – "Arlequinal!... Traje de losangos... Cinza e ouro... Luz e bruma... Forno e inverno morno..." (do poema "Inspiração", In: *Poesias completas*, EDUSP, 1987, p. 83).

Torna-se interessante então pensar que a dissonância e o desafino do ressoar passam por um segundo desafio na globalização, não apenas aquele que já enfrentavam quando o Nome-do-Pai firmava uma cultura e seus padrões. A dissonância e o desafino hoje podem ser tratados não entre alguém e a regra, mas nos encontros dos *parlêtres*, cada um com sua "ordem" de ressonância, quando entre eles há ou não há "consonância" – para retomar o termo de Lacan (1975-76/2005, p. 40).

Nesse ponto, podemos perceber um pouco mais do que implica ressoar. Trata-se de algo que só se faz com outro *parlêtre*: não é emitir som, é participar dele. Ressoar é sempre em consonância. Ressoar é um encontro. Um bom encontro, claro, já que houve articulação. Um bom momento: *heureux*. O que nos conduz ao tema do final de análise na segunda clínica lacaniana.

3.10. FINAL DE ANÁLISE

Nos anos 1970, Lacan faz conferências e dá entrevistas em algumas universidades americanas. Na Universidade de Yale, ele afirmou: "Só posso testemunhar a partir do que minha prática fornece. Uma análise não tem que ser levada muito longe. Quando o analisante pensa que está feliz de viver, basta" (Lacan, 1976b, p. 15).

Podemos notar, já nessa primeira frase, a presença daquilo que apontávamos a respeito da segunda clínica: estamos em uma época em que só podemos testemunhar a partir da prática. É com essa base que Lacan afirma sobre o final de análise: que esta não tem que se prolongar, mas é suficiente que o analisante pense estar feliz.

Defendemos que a ênfase, aqui, deve ser posta na expressão "quando o analisante pensa que...". É sutil e precisa ser posto em relevo: Lacan não diz "quando o analisante está feliz de viver", mas, sim, "quando o analisante pensa que está...".

Aí encontramos o pragmatismo dessa segunda clínica lacaniana: as bengalas das explicações diagnósticas têm, nela, função apenas provisória, voltada às consequências. Ao pensar esse pragmatismo, podemos recuperar a pesquisa que fizemos com Newton da Costa (FORBES, 1997) nos anos 1990. Com ele, estudamos as "teorias da verdade" em vigência durante o processo de análise, de como a verdade se constitui para o analisando na entrada, durante e no final da análise. Concluímos que há estruturas distintas nesses três momentos e, apresentando-os aqui, podemos indicar como funciona a verdade pragmática que estava presente no final de análise da primeira clínica e que é a verdade própria a toda a intervenção da segunda clínica. Distinguimos a verdade correspondencial, por exemplo, quando no início de uma análise a pessoa diz: "Procurei um analista porque minha professora disse que eu preciso me analisar". Fala sobre uma professora que realmente existe. Se o analista pergunta sobre o que tem a ver a análise e a professora, ela diz: "Se eu não me analisar, serei reprovada". Haveria aí uma verdade correspondente a um fato, uma verdade correspondencial. Freud (1950[1897]/1977) deixou de considerar essa verdade em 1897, conforme a Carta 69 a Fliess, já citada, e situa a psicanálise na verdade por coerência. Aqueles que praticam uma análise correspondencial procuram entrevistar os pais para verificar se é fato o que diz seu filho, testam a veracidade da história, chegando mesmo a fazerem visitas à casa, à escola, etc.

Quanto à verdade coerencial, Freud recorre a ela ao considerar a realidade psíquica em detrimento da realidade do mundo. A verdade por coerência não dá conta da realidade psíquica, não sendo suficiente para se alcançar o final da análise, por se infinitizar através do encadeamento de associações e dando a parecer que sempre é possível alguma interpretação.

Pode parecer banal a história que se conta em uma análise, mas não para a pessoa que narra. Quando se faz o relato de um caso clínico, muitas vezes aparecem risos, mas esse fator engraçado pode sê-lo para os ouvintes, mas não para o autor do relato.

Mas quando o narrador pode rir de sua própria história, será de uma forma diferente daquela de um ouvinte comum. Ele ri quando pode suportar a variação ficcional do seu próprio enredo.

A verdade correspondencial e a verdade coerencial não suportam o percurso de uma análise. Então, como nomear a verdade própria do final de análise? Seria uma verdade incompleta? Newton da Costa sugeriu que testássemos designar como verdade pragmática, mas não no sentido em que o termo era utilizado no início do século XX e com outros objetivos. Newton da Costa afirmou a existência de uma nova definição na lógica do pragmatismo e isso nos possibilitou usar este termo (FORBES, 1997, p. 13). O final de uma análise coloca o analisando diante da questão de sua relação com um objeto de existência extralinguística e que resiste à colocação de correspondência. Para falar desse momento, tomamos a teoria da verdade pragmática, já que essa recupera a questão do objeto extralinguístico sem precisar correspondencialmente sua significação e deixa um caminho para o risco, para a aposta, o que também ocorre no final da análise. A ninguém é dado estabelecer-se no ponto de "fixão", de separação total entre saber e verdade, de sujeito e ser. Passado por esse ponto, em que o fantasma é atravessado e algo do ser é apontado, é esperado, como efeito da *demonstração do real,* que deixe marcas que propiciem ao analisando outras respostas, diferentes daquelas que apresentava em seus encontros com o real, antes de passar pela análise (FORBES, 1992/93, p. 116).

É em face do real – do corpo do analista, de seu ser, como *parlêtre,* que realiza uma interpretação poética e de ressonância – que o analisando experimentará, em análise, a passagem da presença do analista, disruptiva como a *tiquê,* para o "analista presente", que ele levará consigo como essas "marcas propiciadoras" de novas respostas na vida, respostas que não repitam simplesmente sua ficção.

Como real, o analista ficará sempre presente – a transferência não se esgota –, *forçando* a pessoa a *pensar* que está feliz de viver. Forçamento esse que é a própria precipitação da conclusão produzida pelo corte, em toda e cada sessão analítica. Uma responsabilização: quer o analisando esteja no registro da palavra – um analisando que busca o sentido, como se fazia na primeira clínica –, quer esteja no registro do gesto, sua forma de gozo será do curto-circuito da palavra, apenas o ressoar; ele, com o corte da sessão, é forçado a reexperimentar seu gozo e suas ressonâncias como monologais e, com isso, perde a referência ao outro (da verdade de correspondência ou da coerência) que poderia ser imputado como causador, e, assim, como justificativa de sua posição singular.

É dessa maneira que, em toda e a cada sessão analítica, no corte – que não precisa ser o corte final da sessão, mas em qualquer apresentação do real, como ato analítico perfeito –, há um final de análise. Uma análise termina a cada sessão: a cada sessão o analisando *"mange son Dasein"* da ressonância (LACAN, 1956/1998, p. 45), confronta-se com o ser – *parlêtre*; a cada sessão ele experimenta o que, em seu ressoar, é *heureux de vivre*.

Para o ser que ressoa, não há *maus encontros, malheur*, daí o forçamento de que falamos. Eis como, em psicanálise, se é *sempre responsável*. Considerando então que uma análise termina a cada sessão, dá-se o nome de análise a um conjunto de análises.

Por pensar assim, entendemos que há mais que efeitos terapêuticos rápidos em uma análise: entendemos que há efeitos psicanalíticos rápidos. Uma pessoa pode fazer uma análise em uma só sessão; para tanto, bastaria que a responsabilização operasse.

A questão passa a ser, enfim, por quanto tempo duram os efeitos de uma análise e como a pessoa pode manter seu efeito duradouro. Em outras palavras, o que faz durar a possibilidade de uma pessoa pensar-se feliz? Provavelmente a sua capacidade de manter viva a responsabilidade por sua singularidade e a invenção de soluções que consiga sustentar no mundo.

4. FELICIDADE NÃO É BEM QUE SE MEREÇA[1]

*T*emos nos referido com insistência à felicidade em psicanálise, como acabamos de fazer no capítulo precedente. Isso nos leva a aprofundar um pouco mais o tema, pois trata-se da felicidade possível diante do real, que se consegue em uma psicanálise, fora da moral tradicional do merecimento.

Felicidade é um tema mais comum nos livros de autoajuda, de livrarias de aeroporto, que assunto de psicanalistas. Ao contrário do sorriso bondoso que carregam os arautos da felicidade, os analistas apresentam-se normalmente com o ar de ceticismo daqueles que conhecem o desejo, a saber que alguma coisa sempre lhes estará faltando, mesmo se você ainda

---

1   Este capítulo foi apresentado no XVII Encontro Brasileiro do Campo Freudiano, Rio de Janeiro, 21 a 23 nov. de 2008. Publicado em *Opção lacaniana*, n. 54, 2009, p. 55-9.

não tiver descoberto. É o que faz, também, que cara de felicidade seja associada à tolice, enquanto cara fechada seja vista como sinal de seriedade.

Nesse ambiente, foi uma surpresa quando Jacques Lacan (1976b), como nos referimos anteriormente, numa conferência na Universidade de Yale, em 24 de novembro de 1975, afirmou sobre o final de análise, lembrando só poder testemunhar desde a sua clínica, que: "Uma análise não tem que ser levada até muito longe. Quando o analisante pensa que está feliz de viver, basta" (p. 15).

Jean-Pierre Deffieux (2005), psicanalista em Bordeaux, em um artigo chamado "Reflexões sobre um dito de Lacan em Yale, em 75", chama a atenção ao fato de como é contrastante essa posição de Lacan, nesse ano, daquela que tinha no Seminário da Ética (1959-60/1988), quinze anos antes, quando dizia que o neurótico visa à felicidade ao preço de seu desejo e, no tratamento psicanalítico, ele tem a oportunidade de encontrar o caminho de seu desejo, ao preço de sua felicidade.

Deixemo-nos interrogar pela frase de Yale. Por que não forçar uma análise muito longa? Porque no tempo dessa conferência, que é o mesmo do Seminário sobre o Sintoma, Lacan entende que a amarração edípica dos três registros (RSI – Real, Simbólico, Imaginário) não é suficiente para defender o paciente de uma desamarração seguida de uma "normalização" – entenda-se, do desencadeamento de uma psicose.

Assim, o ponto de referência, o ponto de basta, seria "quando o analisante pensa que está feliz na vida". Mas, em vários momentos – ingenuamente, poderíamos contestar – um analisante pensa que está feliz na vida. É mesmo a razão de muita discussão no Campo Freudiano sobre os efeitos terapêuticos rápidos de uma análise. Seria isso o final de uma análise, um efeito terapêutico rápido, que tão bem conhecemos? Seguramente, não. "Pensar estar feliz na vida" necessita ser precisado. Podemos depreender, sempre da conferência americana e concordando com Deffieux, que uma análise iria de um sintoma, neurótico, no caso, que "permite viver" – cito Lacan –, a pensar estar "feliz na vida". Proponho que devemos entender essa vida como o faz Jacques-Alain Miller (1998-99)[2] em "A experiência do real no tratamento psicanalítico", aula do dia 19 de maio de 1999: "Só me interesso pela vida (em psicanálise) na sua conexão ao gozo e enquanto ele possa merecer ser qualificado de real" (informação verbal). Logo, não se trata de alcançar nenhuma felicidade moral ou filosoficamente determinada, pois "felicidade não é bem que se mereça", mas de se obter em uma análise um remanejo do analisando com o seu gozo, que ele encontre certo acordo com o seu modo de gozar.

Como, então, passa-se, em uma análise, da aflição causada pela linguagem para uma certa felicidade? Como enfrentar o ratear intrínseco ao sexual, que não encontra paz na linguagem, que é um buraco do real, que não tem nome, nem nunca terá, como o cantam Chico e Milton? Se tomarmos a felicidade como o bom encontro, o que é necessário para um bom encontro com o real, com o real do Outro, como diz Lacan?

Busquei exemplos em dois autores muito diferentes: um, já falecido, o escritor e grande estilista da língua francesa, ami-

---

2   O autor se valeu da transcrição original, em francês, que não está publicada oficialmente. Existe, todavia, uma versão em espanhol, em livro: *La experiência de lo real en la cura psicoanalítica*, 1998-99, Buenos Aires, Paidós, 2008, p. 319.

go de Jacques Lacan, Michel Leiris; outro, o filósofo e jurista italiano, nosso contemporâneo, Giorgio Agamben.

Tomo de Leiris (1948/1975) um capítulo de seu livro *Biffures*, capítulo chamado "...Reusement!", ou "...Indabem", na tradução de Alain Mouzat[3]. Um menino, o próprio autor, está muito angustiado por ter derrubado seu soldadinho no chão.

Rapidamente, me abaixei, apanhei o soldado jazido, apalpei, e olhei. Ele não estava quebrado, e viva foi minha alegria. O que expressei exclamando: " ...Indabem!". Nesse cômodo mal definido – sala de visita ou de jantar, salão nobre ou sala comum –, nesse lugar que não era senão o lugar da minha brincadeira, alguém com mais idade – mãe, irmã ou irmão mais velho – estava comigo. Alguém mais avisado, menos ignorante do que eu era, e que me fez observar, ao ouvir minha exclamação, que o que se deve dizer é "ainda bem" e não, assim como eu o tinha feito: " Indabem!". A observação cortou minha alegria ou, melhor – me deixando um breve instante pasmado – não demorou em substituir a alegria, pela qual meu pensamento tinha sido inicialmente preenchido por inteiro, por um sentimento curioso, do qual mal consigo, hoje, desvelar a estranheza. Não se diz "...indabem", e sim "ainda bem". Essa palavra, empregada por mim até então sem nenhuma consciência de seu sentido real, como uma interjeição pura, está ligada a "ainda" e, pela virtude mágica de tal aproximação, se viu inserida de repente em toda uma sequência de significações precisas. Apreender de uma vez na sua integridade essas palavras que antes eu sempre tinha arranhado tomou uma

---

3   Disponível em: http://www.jorgeforbes.com.br/br/contents.asp?s=61&i=64.

feição de descoberta, como o rasgar brutal de um véu ou o ofuscar de alguma verdade. Eis que esse vago vocábulo – que até o presente me tinha sido totalmente pessoal e permanecia como fechado – ficou, por um acaso, promovido ao papel de elo de um ciclo semântico. Ele não é mais agora coisa minha: participa desta realidade que é a linguagem de meus irmãos, de minha irmã, e a de meus pais. De coisa própria a mim, tornou-se coisa comum e aberta.

....

No chão da sala de jantar ou de visita, o soldado de chumbo ou de papel machê acaba de cair. Eu exclamei: "...Indabem!". Me corrigiram. E, por um instante, permaneço pasmado, entregue a uma espécie de vertigem.

Leiris viu-se roubado em sua palavra íntima que nomeava tão bem o seu gozo; viu-a, angustiado, desaparecer na trama da linguagem: "tênue tecido de minhas relações com os outros, me ultrapassa, estendendo para todo lado suas antenas misteriosas", assim conclui o texto.

Tal como o cidadão Kane[4], todos nós temos uma *Rosebud* (a jamais ser traduzida por botão de rosa) perdida em algum lugar da infância, não no sentido de quando éramos pequenos, mas, lembrando da etimologia da palavra, do lugar em que a fala falta, *in-fans*.

É o que nos faz ir a Agamben (2007), em texto publicado no livro *Profanações*: "Magia e felicidade". Ele se delicia com o tema, afirmando: "O que podemos alcançar por nossos méritos e esforços não pode nos tornar realmente felizes. Só a

---

4   Filme dirigido por Orson Welles, 1941.

magia pode fazê-lo" (p. 23). É de levar Kant a se revirar em seu descanso, pois, para esse pai do Iluminismo, a felicidade é algo destinado aos dignos de merecimento: "O que em ti tende ardorosamente para a felicidade é a inclinação; o que depois submete tal inclinação à condição de que deves primeiro ser digno da felicidade é a tua razão" (p. 24).

Por que magia? Continuando nas *Profanações*, lemos:

Mas de uma felicidade de que podemos ser dignos, nós (ou a criança em nós) não sabemos o que fazer. É uma desgraça sermos amados por uma mulher porque o merecemos! E como é chata a felicidade que é prêmio ou recompensa por um trabalho bem feito! (p. 24)

Faz-se necessário entender tamanho ataque ao senso comum, que questiona os princípios elementares da educação das crianças e a boa postura dos adultos. A resposta está no fato de que: "Quem é feliz não pode saber que o é; o sujeito da felicidade não é um sujeito, não tem a forma de uma consciência, mesmo que fosse a melhor" (p. 24). Dois aspectos são aqui relevantes: primeiro é que felicidade não progride nem se acumula, pois se assim fosse acabaríamos estourando em sua plenitude. Pensar então que hoje somos mais felizes que nossos antepassados é tão falso quanto o contrário, que ontem é que era bom, como insistem os saudosistas. Segundo, a felicidade dá-se no acaso, no encontro, na surpresa, daí dizer que ela foge à consciência, que ela é uma magia. Magia poderia ser quando o significante recupera o seu poder real, tal como almeja Lacan (1976-77)[5], em 17 de maio de 1977: "Por

---

5   Mimeografado.

que não inventaríamos um significante novo? Um significante, por exemplo que, não teria, como o real, nenhuma espécie de sentido?"

Volto a Agamben (2007):

> Cada coisa, cada ser, tem, além de seu nome manifesto, um nome escondido, ao qual não pode deixar de responder. Ser mago significa conhecer e evocar esse arquinome. [...] O nome secreto era o nome com o qual a criatura havia sido chamada no Éden, e, ao pronunciá-lo, os nomes manifestos e toda a babel dos nomes acabaram aos pedaços. [...] a magia não é conhecimento dos nomes, mas gesto, desvio em relação ao nome. [...] logo que inventa um novo nome, ela (a pessoa) ostentará entre as mãos o passaporte que a encaminha à felicidade. (p. 25)

E então podemos entender a frase de Kafka: "Se chamarmos a vida pelo nome justo ela vem, porque esta é a essência da magia, que não cria, mas chama" (p. 25).

O curioso é que para ser feliz, para um momento feliz, pois são sempre momentos e não essências, há de se suportar a sensação de quebra de identidade que fatalmente ocorre. Razão que explica que para alcançar a felicidade é necessária uma boa dose de ousadia e coragem, e não se medir pela expectativa do que esperam de você. Em uma análise, felicidade é suportar o inesperado.

Concluo esse raciocínio com um exemplo da clínica de Lacan relatado por seu analisando Alain-Didier Weill (2007, p. 38), quando mostra que, se chamarmos a vida pelo nome justo, ela vem.

Eu lhe dizia, em uma sessão, meu desespero frente ao fato do Conselho de Estado ter acabado de me recusar – pela terceira vez, em quinze anos – meu pedido de retomar o patronímico "Weill". Eu o havia perdido depois que meu pai e certo número de judeus traumatizados pela guerra tinham acreditado que deviam abandonar o patronímico para proteger seus descendentes de medidas antissemitas. Nesse dia, abandonado pelo Estado e por seu Conselho, ao qual eu não poderia mais recorrer, eu me vi dizendo sobre o divã que não me restava outro recurso que decidir, sozinho, me chamar "Didier-Weill". – "Trata-se de dizer!", assim Lacan concluiu a sessão. Sim, tratava--se de dizer. Mas como e para quem? Três dias mais tarde, colóquio da Escola Freudiana de Paris, eu devia intervir. Nesse dia, Lacan, presidente da mesa, me convida a subir à tribuna, na minha vez de falar: "Didier-Weill, é com você!". Como ele havia dito três dias antes, tratava-se de dizer, e ele acabava de fazê-lo. Ele acabava de nomear um nome que estava em desuso e que deixava, dessa maneira, de estar em desuso.

Enfim, se soubermos chamar a vida pelo nome, e não por qualquer disciplina de adaptação, ela vem. E isso porque felicidade não é bem que se mereça, *indabem*.

5. A PSICANÁLISE EM SUA CLÍNICA

*A*presentamos neste capítulo um caso clínico, com o objetivo de refletir sobre os aspectos até aqui desenvolvidos da primeira e da segunda clínica de Lacan: as formações do inconsciente, na primeira, e a responsabilidade diante do acaso, na segunda.

Mensalmente, somos convidados a dirigir uma apresentação de pacientes em um hospital psiquiátrico de referência nacional na área, que pertence à Universidade de São Paulo (USP).

O exercício de apresentação de pacientes não é uma novidade psicanalítica, é uma herança da psiquiatria, sendo habitual, aí, esse exercício clínico, especialmente em serviços de pesquisa. Consiste na entrevista de um paciente, muitas vezes internado, por um grupo de membros do corpo clínico.

Uma diferença básica entre a apresentação psiquiátrica e a psicanalítica, a considerar, é que, em uma apresentação psiquiátrica, várias pessoas, psiquiatras especialmente, interrogam o paciente; já na apresentação psicanalítica só uma pessoa o interroga, ocupando a posição de analista, enquanto os demais presentes assistem sem interferir, a não ser no momento posterior à apresentação, na discussão.

Jacques Lacan sempre manteve a prática da apresentação de pacientes, apesar de críticos reclamarem que se trataria de uma exibição inútil da pessoa, que esta não seria beneficiada. A nosso ver, a crítica não procede: entendemos que há um inefável na experiência clínica, seja em sua captação, seja em sua transmissão, que faz da apresentação de pacientes um momento privilegiado da clínica psicanalítica.

A apresentação de pacientes traz consequências para todos os que dela participam: a começar pelo entrevistado, que tem um encontro único com um analista, no qual o inusitado da situação, por seu aspecto surpreendente, pode – como é frequente ocorrer – potencializar os aspectos terapêuticos. O entrevistador, por sua vez, vê-se confrontado ao real da clínica, sem nenhuma rede de proteção que os protocolos de atendimento muitas vezes propiciam, pasteurizando o novo da clínica em tabelas e escalas pré-concebidas. A assistência vê-se abalada em seus *a priori*, por um evento tão singular em que um "doente" é tocado como sujeito. Finalmente, o serviço de psiquiatria que acolhe a presença de um psicanalista não fica indiferente aos efeitos gerados por uma clínica, a psicanalítica, que responde a uma ética distinta da clínica médica. Possivelmente, a melhor forma de a psicanálise contribuir com a psiquiatria, e vice-versa, não é pela soma de conhecimentos

– o que é problemático exatamente pelas diferenças éticas –, mas pelo mútuo interrogar que ocorre quando as diferenças são respeitadas.

Éric Laurent (1984, p. 73), participando de uma mesa-redonda sobre o tema das apresentações de pacientes, tece considerações sobre a diferença entre a função de suposto saber do psicanalista e o saber objetivo do psiquiatra: "'Seja sim ou não para a apresentação, podemos obter um saber particular? Todo o saber psiquiátrico é um saber do geral, quer dizer que são classes..."[1].

Os casos que nos são trazidos para a apresentação, normalmente, são aqueles que não se acomodam bem, seja aos instrumentos conceituais psiquiátricos ou à terapêutica farmacológica. Não nos trazem o que funciona bem, trazem-nos *ce qui rate*; aquilo que derrapa, que desnorteia. Foi o que aconteceu com o caso que será agora relatado.

João tem sessenta e três anos, seis internações anteriores, a atual já dura quatro meses e ocorreu pela razão que se segue. Estava em casa com sua mulher e, na hora do jantar, ela comia na sala, enquanto ele preparava, cuidadosamente, sua refeição à parte, na cozinha, longe dela. Sua refeição consistia em escolher um pedaço de suas fezes, colocá-lo sobre uma tábua de carne, desprezar as duas pontas e cortar o restante em cubinhos do mesmo tamanho, que, depois de salgados, eram – segundo ele – um manjar dos deuses, acompanhado de uma cerveja gelada. Os detalhes dessa descrição repetem a forma com que ele nos fala. Não era a primeira vez que João prepa-

---

[1] "'Est-ce que oui ou non, par la présentation, nous pouvons obtenir un savoir du particulier?' Tout le savoir psychiatrique est un savoir du general, c'est-à-dire que ce sont des classes..." (p. 73).

rava esse acepipe. O problema que desencadeou a internação de emergência foi o fato de que, nesse dia, ele resolveu ir até a sala e ofereceu-se a repartir seu extraordinário jantar com a mulher. Foi aí que ela achou que ele estava louco de vez; chamou seu único filho vivo para controlar o insano marido e levaram-no, meio à força, à internação.

A estranheza desse fato – chamado leigamente, por sua mulher e por seu filho, de loucura ou de maluquice – recebeu por parte dos médicos outros nomes mais precisos, técnicos, elaborados nas internações sucessivas, tais como esquizofrenia, paranoia, epilepsia, pânico, perversão, angústia, depressão, mania.

Apesar da disparidade entre si dos diagnósticos e destes com a nomeação leiga, há, no entanto, coincidência em um ponto: médicos e familiares pensavam que aquele comportamento fosse doença a ser retirada do paciente, da mesma forma que se tira uma infecção ou se conserta uma fratura. A ideia dominante hoje em uma psiquiatria que se quer baseada em evidências, qualidade que a faria científica – já criticada em capítulo precedente –, é que o paciente não tem nenhuma participação no que lhe ocorre, que "a doença psíquica é uma doença como outra qualquer", *slogan* que é distribuído aos milhares nas salas de espera dos clínicos gerais, em livrinhos pagos por laboratórios farmacêuticos para informar e acalmar, segundo estes, a população.

Diante de tantas classificações, pensamos que podemos verificar, nesse exemplo, o que Lacan (1975-76/2005) afirma em seu Seminário *Le Sinthome*: que muitas vezes pensamentos não são pensamentos, mas curativos – seguramente, de nossa ignorância, complementaríamos. Ele se vale do jogo de palavras entre *"penser"* (pensar) e *"panser"* (cuidar, tratar de um doente, fazer um curativo), a saber: *"Eu o cuido*, quer dizer, eu lhe faço curativo, *logo eu o enxugo.* É a isto que isso se resume. É o sexual que mente lá dentro, de muito se gabar" (p. 66, tradução nossa)[2].

João conversava bastante bem; foi ele quem nos relatou minuciosamente sua peculiar gastronomia, acrescentando que se sentia, por vezes, perseguido pela polícia ou por sua mulher, que punha venenos pretos em sua comida para matá-lo insidiosamente.

A conversa era difícil porque tudo estava dito e explicado, ele era louco – como afirmava a sua família, os médicos e ele próprio – e a única coisa que interessava é quando ele poderia ir embora "bom", "de alta". Mesmo assim, insistimos em conhecer sua vida. Depois de nos falar dela atualmente, de sua mulher e filho, de desinteressadamente descrever sua infância e adolescência, passou a contar do seu trabalho. Ele era mecânico de automóveis, mas já há muito tempo, desde a internação de 1989, não havia mais conseguido ter o mesmo vigor e interesse de até então.

Isso levou nossa conversa para aqueles tempos. Soubemos que tinha sido naquela época, pouco antes da internação, que seu outro filho, o mais velho, havia morrido assassinado por dois ladrões que queriam roubar a sua motocicleta, dando ordem ao rapaz para descer do veículo e lhes entregar. Como o filho de João não acatou a ordem e acelerou para escapar, os bandidos dispararam seus revólveres contra ele. Ao ver o tu-

---

2 *"Je le panse*, c'est-à-dire je le fais panse, *donc je l'essuie.* C'est à ça que ça se resume. C'est le sexuel qui ment là-dedans, de trop s'en raconter" (LACAN, 1975-76/2005, p. 66).

multo, os assassinos saíram correndo, deixando a vítima e sua motocicleta caídas no chão da avenida.

João continuou o relato, a ele atribuindo uma importância social, ou seja, deixando claro que era um fato comovente "para todo mundo"; havia ali um "para todo mundo" que esfriava o tom de sua voz, como se nada pudesse se esperar de singular em uma evidência.

Tudo ocorreu perto da oficina de João que, alertado, chegou às pressas ao local e viu seu filho prostrado, com a cabeça dilacerada pelos tiros e pelo choque com o asfalto; "com os miolos saindo pelos buracos", como ele mesmo disse. João jogou-se em cima do corpo do filho e, desesperadamente, tentou recolocar os pedaços de cérebro para dentro da calota craniana despedaçada.

Depois desse evento, "ruim para qualquer um", João foi aconselhado por amigos a ir descansar por um tempo em uma praia a 100 quilômetros de São Paulo, onde mora. Na praia, fez um novo amigo, que o levou a um guru local que conhecia o Mamed.

– Mamed é filho de Arquimedes e Arquimedes já morreu.

Para João, isso era o necessário e o suficiente como apresentação; estava tudo explicado. Se nós perguntávamos, ele repetia:

– Mamed é filho de Arquimedes e Arquimedes já morreu.

Mamed não aparecia no culto, não incorporava em ninguém, mas João sentia sua presença e reconhecia suas ordens. Sim, pois Mamed mandava que ele entrasse em ônibus urbanos, ao acaso, que escolhesse um passageiro qualquer e lhe pespegasse um violento tapa com a mão espalmada sobre a orelha. E, assim, João passou a fazer.

Perguntamos a ele se era indiferente ser homem ou mulher o passageiro e ele nos precisou que devia ser homem. Era a função do soldado, que ele era.

– E se chegasse a sargento?

– Ah, então, aí, teria que matar.

Quando, evidentemente, o agredido reagia, João não brigava, não se defendia e nem falava, apenas tentava descer do ônibus o mais rápido possível e buscava desaparecer do local. Muitas vezes, não conseguiu evitar doídas surras. Essa prática resultou na internação de 1989.

Passo por cima de detalhes de sua vida desde essa época, fora e dentro dos hospitais, por manifestarem comportamentos repetitivos, com diferenças irrelevantes. É de se salientar e insistir que João concordava com os diagnósticos que lhe eram dados e considerava-se, sim, muito louco.

Até certo tempo da apresentação, o clima era calmo – quase de riso –, como se a ocasião fosse engraçada, distante. O ambiente mudou radicalmente quando fixamos a atenção sobre o momento do encontro dele, João, com o filho morto; este com a cabeça destroçada no asfalto. João não pensava que isso tivesse alguma importância especial. Quando solicitado, no entanto, em detalhar esse encontro, além da generalidade comovente, uma angústia crescente começou a se delinear.

Foi quando lhe dissemos, interrogativamente, da possibilidade de haver uma semelhança entre a investida de colocar os miolos para dentro da calota craniana aberta e o comer as próprias fezes. Que as duas ações almejariam pôr dentro o que havia escapado do corpo, acrescentando que a morte de seu filho não era algo do passado, mas do presente, muito presente.

Afirmamos, ainda, que não era uma "louca agressão" ele oferecer o prato de fezes para sua mulher, mas, sim, poderia ser uma busca de legitimar aquele cocô como o próprio filho. Também os tapas nas orelhas reproduziriam o gesto de pôr os miolos dentro do crânio.

Não conseguimos reproduzir em texto os silêncios, os movimentos, os olhares, as aproximações e as distâncias corporais que ocorreram nos instantes dessa comunicação. Sintetizamos em um só efeito: João, depois de ter se despedido de nós, voltou à sala onde nos reunimos, abriu a porta e disse: "Obrigado, doutor, e tenha juízo, hein?".

João estava correto. Ele encontrou-se com um "doutor" que lhe disse coisas estranhas, diferentes daquelas que lhe haviam sido ditas naqueles últimos dezesseis anos. A tal ponto que ele, João, pode ter pensado que o doutor precisava de juízo. Por que não julgou simplesmente, como todo mundo, que ele era louco? Faltaria juízo a esse doutor?

Alguns dias depois, recebemos uma carta do médico responsável pelo atendimento de João. Ele nos contava dos efeitos, sobre seu paciente e sobre ele mesmo, do que havíamos vivido. Havia ficado claro que a questão não devia ser sobre qual abordagem seria melhor, uma ou outra, mas o que se devia saber era definir o melhor para quê: qual caminho, qual ética, como conviver com e como articular essas possibilidades?

Problematizemos. Falamos da diferença entre a ética médica, na qual se inclui a psiquiatria, e a ética psicanalítica; mas será que, ao fazer essa intervenção, não estaríamos, simplesmente, trocando palavras? Ali onde alguns tinham dado um diagnóstico, outro havia contado uma história, só uma história? Pensamos que não. Essa história forneceu a João a possibilidade de uma lógica dos acontecimentos de sua vida, de uma não loucura, de uma responsabilidade até então impossível: como responder pelo encontro de um filho morto, despedaçado no chão de uma avenida? Haveria nessa história algo melhor – não evitemos o termo – que o Mamed e o tapa na orelha? Havia.

É claro que os pressupostos comentados no capítulo anterior sobre a primeira clínica lacaniana sustentam a construção interpretativa dessa história. A pergunta é: isso é suficiente? Não, pensamos que não. O que pudemos constatar nessa apresentação clínica foi o fato de João ser sensível à captação do gozo pela palavra, como trabalhado no diagnóstico sumário da segunda clínica: ponto de capitonê, sim ou não. Sua angústia ao parar de generalizar sobre o encontro com o filho morto disse sim, reiterado pela observação da falta de juízo.

Mas o tratamento está longe de se satisfazer com essa história; isso é só um início, uma retirada do genérico para o singular, uma retirada ou substituição dos "curativos psiquiátricos" pelos "curativos analíticos", se assim quisermos. Há de se ir além, como Serge Cottet (1996) preconiza. Esse autor comenta que Lacan, em seu percurso pela psicose, marca que não é o caso da psicanálise promover o casamento entre sintoma e inconsciente; ao mesmo tempo, Lacan justamente introduz a questão do gozo do sentido inconsciente. Assim, pode-se depreender que a interpretação nutre esse gozo. Cottet recupera, no seminário de Lacan sobre Joyce, Seminário XXIII, que a operação da psicanálise de separação do sujeito de seu gozo envolve desabonar o sujeito do inconsciente. Então, não dá para manter uma prática que alimente o inconsciente de sentido pela interpretação, quando se pretende desabonar o sujeito do inconsciente (p. 98). O curativo psicanalítico, no caso, é composto pelo sintoma interpretado na cadeia significante, típico da primeira clínica estruturada no Édipo. Uma psicanálise exige mais. Não haverá responsabilidade, só sofrimento (tal como veremos no início do próximo capítulo), se não se for além desse ponto ficcional, se não for atingido o ponto duro da existência de João. Trata-se da radical estranheza de si mesmo revelada no encontro com o familiar estranho – *unheimlich*, em alemão –, assim descrito no artigo de Freud (1919/1976): "O estranho é aquela categoria do assustador que remete ao que é conhecido, de velho, e há muito familiar" (p. 277). A equivalência simbólica "filho-fezes" é transitória, pois também é protocolar – do protocolo edípico. Ultrapassá-la poderá dar a João uma chance – exigente, mas chance – de uma invenção fora do protocolo do inconsciente-intérprete, uma invenção que ele passe no mundo de forma eficiente e não em um hospital.

6. A PSICANÁLISE ALÉM DE SUA CLÍNICA

Na introdução – Provocações Psicanalíticas –, afirmamos que a psicanálise de hoje ultrapassa o interesse da clínica exclusiva do consultório. Ela também se preocupa e age, o que é fundamental, nas mais variadas manifestações do laço social: na medicina, na família, nas escolas, nas empresas, na política e na sociedade em geral. Para nós, diferentemente daqueles que pensam que a psicanálise estaria desaparecendo junto a outras disciplinas que surgiram nos séculos XIX e XX, a psicanálise está só começando. Não conhecemos prática social, ao menos até o momento, que melhor articule o novo laço social da globalização, marcado pela incompletude do real, tal como já exposto. Vamos dar aqui alguns exemplos do que pensamos, a começar com a medicina.

6.1. MEDICINA

Examinemos a influência da psicanálise sobre a expressão dos genes; seria fato que aquilo que está escrito no código genético fosse um *maktoub*, uma determinação inflexível de uma vida?

Notamos duas correntes entre os psicanalistas no confronto atual da psicanálise com os laços discursivos do século XXI. Uma privilegia os alertas de não desnaturalização da psicanálise, e a outra privilegia as novas possibilidades que se abrem para a psicanálise, exatamente a partir dessas mudanças. Essas correntes não se excluem e motivam essa pesquisa.

Maktoub é um velho e confortável sonho da humanidade: meu destino está escrito em algum lugar, logo, só me resta saber lê-lo e cumpri-lo. *Maktoub* retira a responsabilidade do sujeito sobre o seu destino.

O ser humano sempre buscou um lugar onde estaria escrita a sua história, que variava dependendo da época. Se ontem era nas estrelas, o que o levava e ainda leva a consultar astrólogos, hoje é no genoma; é no sequenciamento dos genes humanos que ele busca o conforto do *Maktoub*.

Curiosamente, em entrevista no dia 13 de abril de 2008, ao jornal *O Estado de S. Paulo*, Craig Venter (2008), um dos mais importantes pioneiros da genômica, contrariou a ideologia cientificista ao afirmar:

> Sim, os seres humanos são animais altamente influenciados pela genética, mas são também a espécie mais plástica do planeta em sua capacidade de se adaptar ao ambiente. Há influências genéticas, sim, mas acredito que as pessoas são responsáveis por seu comportamento.

Essa afirmação de Venter coincide com a posição da maior parte de geneticistas e os aproxima dos psicanalistas em um ponto fundamental para o desenvolvimento das pesquisas, a saber: não há relação biunívoca entre o genótipo e o fenótipo, entre o mapa genético e sua expressão, conhecida como expressão gênica. Existe uma distância que só é preenchida singularmente, não universalmente – em nosso jargão –, por objetos a. Temos aí um campo comum aos cientistas, aos psicanalistas e, lembro de passagem, também aos filósofos, como Hans Jonas e seu Princípio Responsabilidade, necessário para o pensamento ético atual, exatamente em decorrência das mudanças do laço social na globalização. À quebra de padrões da verticalidade das identificações, nessa nova sociedade de rede, plana ou horizontal, como preferirem, corresponde, em igual medida, o aumento da responsabilidade subjetiva diante do encontro e da surpresa, que deve ser possibilitada pela clínica psicanalítica de orientação lacaniana.

Os avanços das pesquisas científicas na genética importam ao psicanalista de hoje, assim como importaram os avanços da física ao psicanalista de cem anos atrás; a genética representa, em nossos tempos, para a ciência, o que a física já representou: o lugar de ponta do avanço científico.

Desde 2006, dirigimos a Clínica de Psicanálise do Centro do Genoma Humano da Universidade de São Paulo (USP), a única em seu gênero até o momento. Os fatos clínicos que passo a relatar ocorreram nesse Centro de Estudos do Genoma Humano, centro de referência científica mundial. Sua diretora, a Professora Mayana Zatz, é também a Pró-reitora científica da USP e recebeu o prêmio da Unesco conferido à melhor cientista da América Latina.

Na origem dessa colaboração aparentemente surrealista entre um guarda-chuva e uma máquina de costura, ou, mais precisamente, entre a psicanálise e a genética, está uma pergunta que fiz à Professora Mayana Zatz no nosso primeiro encontro de trabalho, pergunta baseada no já exposto: "Você acredita que exista uma relação biunívoca entre o genótipo e o fenótipo?"

O que eu visava, em termos psicanalíticos, era compreender qual é a consistência, para ela, de seu sujeito suposto saber. Para minha agradável surpresa, sua resposta foi imediata:

– Claro que não! Quem lhe disse tamanha besteira?

Como num *flash*, lembrei-me dos fóruns realizados no Palais de la Mutualité, por Miller (2004), sobre a emenda Accoyer; pensei em colegas pedindo asilo a uma pretensa ciência das localizações cerebrais, enfim, a todos esses notáveis avanços da sociedade de controle com os quais temos nos confrontado. Muitos acreditam nessa "besteira", tal como qualificou a cientista.

A primeira pesquisa que realizamos foi formalizada a partir de um diagnóstico situacional sobre o sofrimento reportado pelos pacientes e pelos geneticistas. Detectamos um novo e verdadeiro vírus do laço social que nós denominamos RC, iniciais de Resignação e Compaixão. Resignação dos pacientes, compaixão das famílias.

Fomos acostumados a procurar um médico quando sofremos de algo, e não quando estamos nos sentindo muito bem. No entanto, um fenômeno típico do nosso tempo, que era antes impensável, é a comunicação de um diagnóstico e prognóstico científicos a uma pessoa, anunciando-lhe uma doença futura, da qual ela ainda não sofre e que frequentemente tem um nome estranho, aterrorizante. Passado um primeiro momento de raiva, quase sempre a pessoa escolhe alienar-se no "sujeito suposto saber" do imaginário social, ou, em outros termos, em um sofrimento *prêt-à-porter*. Sabemos bem como a sociedade é capaz de produzir sofrimentos e alegrias em modelos *prêt-à-porter*.

Ao adotar tal atitude, o sujeito deixa a porta aberta a dois problemas. Primeiro, resignando-se, ele antecipa o sofrimento e facilita por essa antecipação o progresso da doença anunciada. Segundo, do lado da família, justaposta à resignação surge a compaixão que, sob sua face de virtude, esconde o vício da acomodação indiferente, congelando a situação em um dueto dor-piedade. É por isso que intitulamos nossa pesquisa de "Desautorizar o sofrimento", entenda-se com isso o sofrimento padronizado.

Conseguimos verificar que uma ação psicanalítica era possível com esses pacientes, retirando-lhes a segurança da solução *prêt-à-porter* e devolvendo-lhes a surpresa do encontro que eles haviam tido em suas vidas com aquele terrível veredito. Nós entendíamos que nosso "sujeito suposto saber", criativo e responsável, traria benefícios a dois aspectos críticos: o momento imediato e o progresso da doença.

Pudemos notar na prática clínica o que Jacques-Alain Miller (2006, p. 12) anunciou ao propor o tema das 36[as.] Jornadas de Estudo da Escola da Causa Freudiana:

Quando trabalha na potência máxima, a psicanálise faz, para um sujeito, vacilar todos os semblantes [incluindo aqueles da dor, devemos adicionar].

[...] Isto libera um sinal de abertura, talvez de inventividade ou de criatividade que está na contramão do festim de Baltazar. O que daí emerge, na melhor das hipóteses, é um sinal que diz "Nem tudo está escrito".[1]

Uma objeção ao mestre contemporâneo.

Nem tudo está escrito. Até mesmo quando está escrito no código genético, existe um *gap*, uma distância entre o escrito, o genótipo que citamos, e sua expressão, o fenótipo. É isso, como dissemos, que se chama "expressão gênica".

Expliquemos melhor. O genoma humano é o conjunto de todos os genes que o indivíduo herdou de seus pais. Os genes são sequências de DNA responsáveis pela codificação das proteínas. Se analisarmos o DNA de uma pessoa, ele será o mesmo em todos os tecidos. Mas as proteínas são diferentes em cada tecido: por exemplo, nas células do fígado, acharemos as proteínas ou produtos que são essenciais para manter as funções hepáticas. Por isso dizemos que os genes "se expressam" de maneira diferente em cada um dos tecidos.

A expressão dos genes depende também do ambiente. Por exemplo, os genes de um cérebro que foi exposto à educação terão uma expressão diferente daqueles que não foram. Essa mudança de expressão é "epigenética", pois ela não será passada aos descendentes.

Sabemos também que os neurotransmissores são influenciados pelo que chamamos de "ambiente". Rita Montalcini (MONTALCINI, 1987), que recebeu o Prêmio Nobel de Medi-

---

[1] A citação apresenta alterações de estilo, mas que não modificaram o conteúdo.

cina em 1986, demonstrou que os neurotransmissores podem influenciar o sistema imunológico, o que tem um papel importante no desenvolvimento de certas doenças.

Uma das hipóteses de trabalho é, então, que a psicanálise poderia influenciar a expressão de genes que modulam os neurotransmissores e ter um efeito – nada banal – sobre a velocidade de progresso de uma doença neuromuscular, por exemplo.

Por um ano, nós seguimos dezenove pacientes dentre os que solicitaram ser atendidos por um psicanalista no Centro de Estudos do Genoma Humano. Suas doenças eram muito variadas: distrofia muscular de Duchenne, distrofia miotônica de Steinert, distrofia muscular fascioescapuloumeral, ataxia espinocerebelar. A primeira e, às vezes, a segunda sessão de entrevistas são feitas pelo autor – é utilizado o tempo presente em razão da continuidade desses trabalhos, agora aberto também às famílias – na presença da Professora Zatz. Essas entrevistas são transmitidas diretamente a uma equipe de psicanalistas do Instituto da Psicanálise Lacaniana (IPLA), de São Paulo, associado ao Instituto do Campo Freudiano (ICF). Elas visam a determinar o campo de incidência da separação entre S_1 e S_2. Citemos o mesmo texto de Jacques-Alain Miller (2006, p. 12)[2]:

Isto define a condição da própria possibilidade do exercício psicanalítico. Para que haja psicanálise é necessário que seja lícito, permitido – e é isso que esbarra nos poderes estabelecidos de outros discursos –, atingir o significante-mestre, fazê-lo

---

2   A citação apresenta alterações de estilo, mas que não modificaram o conteúdo.

cair, revelar sua pretensão ao absoluto, como um semblante, e substituir-lhe pelo que resulta da embreagem do sujeito do inconsciente sobre o corpo, isto é, o que chamamos com Lacan de objeto a.

Em seguida a essas entrevistas preliminares, que são discutidas com toda a equipe, um dos membros assume a direção do tratamento analítico em sessões semanais. A Professora Zatz e o autor reveem todos os pacientes a cada três meses.

A adesão ao tratamento foi total. Não houve uma única ausência a qualquer das consultas durante todo o ano e vale lembrar que essas pessoas têm dificuldades de locomoção. Suas mudanças de posição em relação ao gozo foram evidentes, assim como a mudança de posição das famílias em relação ao sentimento de pena. Ainda não temos a possibilidade de saber os efeitos precisos sobre a progressão da expressão da doença.

Essa prática clínica, pouco padronizada, nos ensina muitas coisas, entre elas:

1) que existe a possibilidade de uma prática da psicanálise entre vários, em instituições, como aquela que foi descrita pelos colegas do Réseau International des Institutions Infantiles (RI3). Entre eles, cito Antonio di Ciaccia, Alexandre Stevens e Philippe Lacadée. Fundado em 1992, o RI3 é composto por quatro instituições: Antena 110 (Bruxelas), Courtil (Tournai), CTR (Monette) e Mish'olim (Tel Aviv). Essas instituições recebem crianças, adolescentes e jovens psicóticos e neuróticos graves. As equipes são formadas por psicanalista, psiquiatra, assistente social, fonoaudiólogo, enfim, pelos profissionais da instituição. Partiram da

questão de como criar uma instituição a partir da psicanálise ou, em alguns casos, como reorientar a instituição existente com a psicanálise. Trata-se de psicanálise aplicada à terapêutica, e não de psicoterapia. "A psicoterapia, que nada tem a ver com a psicanálise, inscreve-se no discurso do mestre, [...] privilegia a solução identificatória [...], especula sobre o sentido e preserva a consistência do Outro" (Miller, 2000-01, aula de 10 jan. 2001).[3]

2) que existe a possibilidade de transmitir, pela clínica, o *savoir faire* técnico inspirado na segunda clínica de Jacques Lacan, aquela que chamamos de Clínica do Real.

3) particularmente, que existe abertura a uma colaboração com os cientistas que não se limita a dizer que Freud também era um neurologista. Isso confirma a necessidade de se respeitar as diferenças entre os discursos para fazê-los colaborarem.

Para terminar, mencionarei o testemunho espontâneo de um paciente, escrito e autorizado por ele, doutor em odontologia, vítima de uma distrofia do tipo cinturas:

Desejo relatar a importância do Projeto Análise neste momento de minha vida. Ao principiar o projeto, a rápida progressão da distrofia era inerente e visível e esta situação era sofrida e triste. Em uma época não muito distante, eu jogava futebol, andava de bicicleta, nadava, quando, passados meus 33 anos, comecei a sentir dificuldades para subir escadas, para correr, para chutar a

---

3 *Cours Orientation Lacanienne* III, 3 Le lieu et le lien 2000-01. Mimeografado.

bola. As quedas se tornaram cada vez mais frequentes e, ao cair, eu feria não só os joelhos, os cotovelos, o nariz e a cabeça, como também meu estado emocional, minha alma.

Essas quedas frequentes me faziam perder a motivação para realizar minhas atividades pessoais e profissionais, eu me tornava cada vez mais assombrado por uma projeção, a de estar cada vez mais próximo de depender de uma cadeira de rodas. De certa maneira estava antecipando o sofrimento. Não sabia mais o que pensar!

Foi após uma dessas quedas que eu viajei para São Paulo e contei minha falta de motivação em consequência das quedas. Cair para mim era tão desencorajador! Gentilmente a doutora Mayana me convidou a participar do Projeto Análise.

Eu sei que a progressão da distrofia é concreta e que suas consequências são claras em meu corpo, marcado principalmente pela modificação da força, do tônus e do contorno dos músculos, da qual resultam limitações nos movimentos. Aprendi que a realidade da distrofia não é fixa, que ela pode ser mutável, plástica, flexível e modelável, eu aprendi a fazer dela um detalhe, com o afastamento que se deve... Uma analogia interessante é pensar que a distrofia é como uma rede no oceano; se o peixe ficar preso nela, ele morrerá.

Portanto, com esse trabalho no Projeto Análise, eu aprendi que após o horror do diagnóstico, a rede realmente trava, mas o mar é muito grande e a tarefa é não ficar nela! Assim como na vida, o mar permite criar caminhos diferentes, para ir além da rede [...] a distrofia é apenas um detalhe na multiplicidade dos corpos e tratá-la assim é formidável. As quedas hoje em dia não me assustam mais. Há várias alternativas para se levantar... O objetivo maior é "desautorizar o sofrimento".

Assim, concluímos: a clínica dos objetos na experiência psicanalítica possibilita ao homem do século XXI liberar-se dos novos *maktoubs*, e, em decorrência, responsabilizar-se pelo osso de sua existência de uma forma renovada e inventiva[4].

6.2. DIREITO: FAMÍLIA E RESPONSABILIDADE

Enquanto preparávamos a tese, fomos convidados a fazer a conferência de abertura do VII Congresso Brasileiro de Direito de Família, realizado em Belo Horizonte no dia 28 de outubro de 2009. Como poderá ser constatado, reproduzimos o que foi ali exposto, coerente ao tema deste capítulo, por tocar em vários pontos já referidos, em novas articulações e aberturas, especialmente no que tange à responsabilidade.

As contribuições da psicanálise ao estudo da família, que ainda estão sendo utilizadas por médicos, pedagogos e juristas, envelheceram. Elas datam de um mundo que está deixando de existir. Foram muito úteis, se nos basearmos na popularidade alcançada, mas são fracas para as questões fundamentais da família atual, do início do século XXI.

A família de hoje diferencia-se em um aspecto fundamental da família de ontem: ela é fruto de uma era em que o laço social é horizontal, enquanto, na anterior, era vertical. Na língua da psicanálise de orientação lacaniana, isso se traduz dizendo que saímos de um tempo da supremacia do simbólico e passamos para a supremacia do real, como será explicado a seguir.

O mundo anterior do qual estamos nos despedindo organizava o laço social em torno de símbolos maiores: na família, o

---

4   As reflexões apresentadas nesse subtítulo "Medicina" foram expostas no 6º Congresso da Associação Mundial de Psicanálise, Buenos Aires, 22 abr. 2008.

pai; na empresa, o chefe; na sociedade civil, a pátria. Medíamos nossa satisfação pela proximidade a que chegávamos dos ideais propostos. Para isso, era preciso seguir uma disciplina estabelecida em protocolos e procedimentos. Como o mundo era padronizado, o futuro podia ser previsto. Isso ficava claro na forma com que os pais falavam com os filhos, que seguia o modelo básico da implicação 'se, então': "Se você não fizer tal coisa, então você não terá um futuro seguro e feliz". Seguro vinha antes do feliz, quando não era o seu sinônimo.

Nesse tempo, que não vai tão distante assim, pois não faz mais de quarenta anos, a psicanálise contribuiu com a ideia fundamental do diálogo, que propiciou o famoso "conversando a gente se entende". O poder quase tirânico dos pais de gerações anteriores foi substituído pelo pai amigo, compreensivo, próximo. Esse modelo foi exportado para o professor, para o médico, não tanto para o juiz. Dele surgiram práticas sociais de uma escola mais democrática, cujo maior símbolo foi Summerhill (NEILL, 1968), e de uma medicina paradoxalmente humanizada, como se outra houvera. Tudo era conversado e, em alguns casos, até demais. O autor acompanhou em análise uma filha sufocada por uma angústia causada pelo conhecimento das escabrosas aventuras sexuais de sua mãe, que tudo lhe contava entendendo que esse era o correto procedimento de uma mãe amiga. Talvez assim tenha sido cunhada a expressão "*mui amiga...*".

Sofremos uma revolução no advento da globalização, perdemos o norte, a bússola; surgiu o homem desbussolado[5] e, com

---

5   Conceito que desenvolvemos em: FORBES, Jorge. "A psicanálise do homem desbussolado – as reações ao futuro e o seu tratamento". *Opção Lacaniana*, 2005a, n. 42, p. 30-3.

114

ele, novos sintomas que não passam pelo circuito da palavra. Citando apenas alguns exemplos mais frequentes, comecemos pelo fracasso escolar. Diferenciamos fracasso de rebeldia escolar. Se antes o aluno contestava o sistema educacional, propondo algo diferente, hoje ele desconhece os valores da escola. Ameaças desesperadas de um professor perante uma prova entregue em branco – de que o aluno vai repetir de ano, ficar de recuperação, não vai conseguir passar no vestibular, não vai entrar na faculdade – são recebidas pelo aluno com uma indiferença olímpica, quase com comiseração pelo desafortunado mestre.

As agressões inusitadas, outro sintoma atual, apavoram mais pela surpresa do que pela própria violência. Pais aflitos contaram-me que seu filho de 15 anos, que sempre fora um jovem como todos os outros, pôs fogo na escola. Demorei um pouco a entender que não tinha sido um fogo em uma lata de lixo ou em uma cortina; não, ele havia posto fogo na escola toda, que já não existia mais, tinha virado cinzas. Até o incêndio, era um menino como outro qualquer; depois do incêndio, um menino como outro qualquer. Nenhuma marca do ocorrido, nada além de um "que pena". Inútil nos valermos das antigas categorias para diagnosticar – nesse caso, perversão –, pois elas não leem esses fenômenos atuais.

Ainda outro exemplo: as drogas. O uso das drogas não constitui uma novidade mas, sim, a forma epidêmica de seu emprego, compreensível se levarmos em conta que elas são receptores universais, que servem em qualquer tipo de tomada e que há muito fio desencapado atualmente.

Tudo está perdido? Não. Se há motivos para nos preocuparmos, há também soluções e essas vêm do mesmo terreno de onde surgem os problemas. Se a questão óbvia do homem desbussolado é a de como se orientar, examinemos aquele que tem a capacidade de organizar uma imensa quantidade de pessoas que se aglomeram em torno da música eletrônica. Não façamos como a maior parte dos amantes da bossa nova que nessa música só escutam um bate-estaca insuportável; lembremos do exemplo de Fleming, que viu a penicilina onde outros só viam bolor. O interessante é nos perguntarmos como uma música que não tem sentido literalmente, que não tem letra, que se diferencia pelo número de batidas por minuto entre seus estilos – *house, garage, trance* –, consegue transformar o show de Frank Sinatra no Maracanã, para 180 mil pessoas, em encontro intimista, uma vez que uma *techno-parade* aglomera dois milhões e meio, três milhões de participantes, dançando juntos, sem se entenderem, sem cantarem um jargão comum, sem um barquinho que vai e vem, sem se perguntarem: "você quer ser minha namorada?", "oh, que linda namorada você poderia ser". Não dá para dizer que se trata de três milhões de autistas, claro que não.

Possivelmente esses moços demonstram a possibilidade de estarem juntos sem se compreenderem, "tá ligado?", no qual o "tá ligado" não é uma falta de algo melhor para dizer, mas aponta a essência do laço social na pós-modernidade: os "monólogos articulados", permitam-me assim os chamar. Monólogos articulados, portanto, tomam o lugar dos diálogos compreensíveis em nossa época. Isso também explica, a meu ver, o exponencial crescimento do *Twitter*. Vivemos em uma Ágora eletrônica. Encontramo-nos nessa praça aberta pelo tempo de um *tweet*, de um pio, "tá ligado"? O fundamental passou do raciocinar, típico da supremacia do simbólico, já referido e tão caro aos iluministas, ao ressoar. Alguém diz algo que ressoa, ou não, em outro caso, alguém que toca, que abre novas perspectivas: invenções do que pode ser, não do que já foi.

Em uma sociedade plana, horizontal, a satisfação humana não é dada por cumprir bem uma tarefa, pois não há modelo fixo que defina o que é cumprir bem. Essa época exige um triplo movimento: inventar, responsabilizar, publicar. É o que faz o artista: vê algo único, responsabiliza-se pelo que viu – os girassóis de Van Gogh, as bandeirinhas de Volpi, a Banda do Chico, os meninos do cais de Salvador, de Jorge Amado – e publica sua visão, correndo o risco da boa ou má repercussão. É uma responsabilidade ética, enquanto do particular, não moral, pois não se adequa a qualquer modelo de comportamento.

Nesse movimento, a família ganha um novo *status*. Em vez de representar o lugar onde se ganham coisas – semanadas, carros, presentes os mais diversos –, o que se ganha mesmo, a maior herança, é a castração, um dos nomes do real. Em algum lugar Lacan chegou a dizer que não adianta a ninguém trocar de família, especialmente de pais, imaginando que terá seus problemas resolvidos. Eles reapareceriam iguaizinhos se isso fosse possível. Família é aquilo de que todo mundo se queixa – boa definição –, e, se o fazemos, é porque ela não oferece o que dela, especialmente dela, gostaríamos de receber: o nome do desejo. Isso fica mais evidente em um mundo despadronizado. Insisto, seja ela como for constituída – por cama ou proveta; hetero ou homossexual; parceira ou monoparental –, que a família é a instituição humana com a capacidade de fazer com que nos confrontemos com o real da nossa condição: a falta de uma palavra já pronta, *prêt-à-porter*, que nomeie o desejo de cada um.

É para um mundo sem orientação *standard* que discutimos "família e responsabilidade": "Qual família e qual responsabilidade?". Impõe-se a pergunta. Uma família que nos depare com a "miséria criativa" da condição humana – miséria de sentido, no entanto, criativa de invenção – e um novo tipo de responsabilidade, não diante do conhecido, ao que deveria ser, não uma responsabilidade do controle e da disciplina que chegou a inspirar Freud no conceito de superego, mas uma responsabilidade perante o acaso e a surpresa. Saímos da época do "Freud explica" e entramos na época do "Freud implica".

É curioso ver as tentativas desesperadas daqueles que de alguma forma querem recuperar o sentido perdido da era anterior, não suportando estarem ligados no ressoar dos sentidos múltiplos. Acabam divinizando a matéria ou o espírito, como se essa dicotomia ainda fosse válida. Na matéria, assistimos ao endeusamento da biologia, especialmente as pesquisas do genoma, visto como se fosse uma astrologia científica; os genes agora nos papéis antes dados aos astros celestes na determinação das vidas. O genoma seria a nova carta astrológica com sanção científica. Por outro lado, explodem desde movimentos fundamentalistas religiosos – em todas as religiões, não somente nos risíveis e preocupantes exorcismos televisivos de nossas madrugadas – até os mal chamados livros de "autoajuda", que infestam as prateleiras das livrarias dos aeroportos e das rodoviárias.

Nessa paisagem, o tema "Família e Responsabilidade" é crucial. Se conseguirmos uma família que suporte e transmita o fato – claro à nossa sensibilidade, obscuro à nossa compreensão – de que, para estarmos juntos, para nos amarmos, não precisamos nos compreender, faremos que o homem desbussolado deixe de temer o século XXI. Não há nada a se compreender na delícia de um banho de cachoeira, na preocupação de um pai com um filho, na declaração de amor. Não há nenhum porquê e, se fosse explicado, perderia o sentido do afeto. Uma frase de união de um casamento poderia ser: "E que fiquem juntos até que a compreensão vos separe". Não se pode entender o amor, e por isso ter pensado, como título: "Família, um amor sem palavras", para explorar todas as possibilidades da polissemia dessa expressão.

Se um dia a psicanálise promoveu o diálogo compreensivo e humanizador, as mudanças dos tempos nos exigem um esforço a mais no sentido de uma renovação ética. Em passeio por alguns autores que se debruçaram sobre essa questão, é notável o que encontramos. Luc Ferry (2008, p. 98-9), ao defender, recentemente, em seu livro *Famílias, amo vocês*, a ideia aparentemente contraditória de uma transcendência na imanência, escreve:

Ora, o humanismo pós-nietzschiano que proponho se baseia na constatação de uma exterioridade ou uma transcendência radical de valores, esse humanismo afirma que elas não se manifestam em nenhum outro lugar a não ser na imanência da consciência. Eu não invento a verdade, a justiça, a beleza ou o amor, eu os *descubro* em mim mesmo, mas como algo que me ultrapassa e que, por assim dizer, me é dado desde fora – sem que eu possa identificar o fundamento último dessa doação.

Giorgio Agamben (2007, p. 24), por sua vez, em *Profanações* – trecho já comentado – , aborda esse ponto pelo viés da "Magia e Felicidade", provocando:

> Mas de uma felicidade de que podemos ser dignos, nós (ou a criança em nós) não sabemos o que fazer. É uma desgraça sermos amados por uma mulher porque o merecemos! E como é chata a felicidade que é prêmio ou recompensa por um trabalho bem feito!

Faz-se necessário entender tamanho ataque ao senso comum, que questiona os princípios elementares da educação das crianças e a boa postura dos adultos. A resposta está no fato de que "quem é feliz não pode saber que o é; o sujeito da felicidade não é um sujeito, não tem a forma de uma consciência, mesmo que fosse a melhor" (ibid., p. 24). Dois aspectos são aqui relevantes. Primeiro: felicidade não progride, nem se acumula, pois se assim fosse acabaríamos estourando em sua plenitude. Pensar então que hoje somos mais felizes que nossos antepassados é tão falso quanto o contrário, que ontem é que era bom, como insistem os saudosistas. Segundo: a felicidade se dá no acaso, no encontro, na surpresa, daí dizer que ela foge à consciência, que ela é uma magia. À sua maneira, Agamben trata da transcendência na imanência, proposta por Luc Ferry.

Isso nos leva a Hans Jonas, no seu fundamental estudo *Princípio Responsabilidade*. Atenção: não é princípio "da" responsabilidade, mas *Princípio Responsabilidade* da mesma forma que dizemos Princípio Divino ou Princípio Racional. Para ele, necessitamos de uma nova ética calcada no Princípio Responsabilidade (JONAS, 2006, p. 351).

Com efeito – *diz ele* – é uma das condições da ação responsável não se deixar deter por esse tipo de incerteza, assumindo-se, ao contrário, a responsabilidade pelo desconhecido, dado o caráter incerto da esperança; isso é o que chamamos de "coragem para assumir a responsabilidade".

Finalmente, Jacques Lacan. Uma sentença esclarece sua posição: "Por nossa condição de sujeito somos sempre responsáveis"(LACAN, 1966a/1998, p. 873). "Sempre", diz ele, não de vez em quando ou dependendo da intenção, do conhecimento ou de qualquer outra variável. Se o sujeito é sempre responsável, não haverá sujeito sem responsabilidade. Isso abre uma interessante questão para os advogados: "Como separar o responsabilizar do penalizar?" Em psicanálise é o que fazemos quando, nos tempos de hoje, do "Freud implica", levamos o analisando à consequência responsável do que diz. Alguém pode, por exemplo, em uma sessão de segunda-feira, dizer que ficou pensando no fim de semana e que concluiu ser "um péssimo marido, um pai meia-boca e um amante infeliz". O analista, contrariando expectativas clássicas de relançamento de discurso, do gênero "o que o levou a essa conclusão?", simplesmente diz: "O fato do senhor dizer que é um péssimo marido, um pai meia-boca e um amante infeliz não diminui em nada o fato de o senhor ser um péssimo marido, um pai meia-boca e um amante infeliz". Essa intervenção é surpreendente para os muitos que estão habituados a pensar que somos irresponsáveis diante do inconsciente, haja vista a consagrada expressão de desculpas: "Só se foi o meu inconsciente". Pois bem, o homem desbussolado continuará sem rumo se não lhe oferecermos a responsabilidade frente ao acaso, à surpresa, enfim, frente ao seu inconsciente, e a família é aí o fórum privilegiado, diria mesmo, essencial.

Lacan apostava que seria possível tocar no ponto íntimo de vergonha do analisante; não vergonha social frente ao outro, mas uma vergonha íntima sem a qual a vida fica nua, sem qualidade, desqualificada. A família é a primeira intimidade de cada um, sua "extimidade", se preferirmos o trocadilho de Lacan. A família funda a "extimidade" de cada pessoa.

É por esse caminho que seguem nossas atuais reflexões sobre Família e Responsabilidade, no domínio da psicanálise. Espero que elas renovem uma antiga história de colaboração de advogados com psicanalistas. Aliás, uma curiosidade: Freud estava em dúvida, até o último momento, se cursaria direito ou medicina, tendo finalmente escolhido a medicina e criado a psicanálise para advogar a causa do sujeito do inconsciente, o desejo, dando-lhe cidadania.

6.3. A ESCOLA AUTORITÁRIA, IGUALITÁRIA E A DO FUTURO

Em uma conferência para educadores na USP, sobre o tema "As figuras do bem e do mal e a educação" (FORBES, 2005c), exemplificamos, baseados na Clínica do Real, como poderíamos ler a evolução da escola nas últimas décadas, conforme três modelos.

O primeiro modelo é a escola magistral, na qual o dito pelo mestre era o bom e o correto e o não dito era o ruim. Um segundo modelo de escola – vindo em resposta ao primeiro – tentava juntar convivialmente o bom e o ruim, propondo-se, assim, mais avançada, mais moderna, como se dizia. E, finalmente, propusemos um modelo ainda por vir: uma escola fora do parâmetro maniqueísta bom *ou* mau ou bom *e* mau, que pudesse incorporar, na repetitiva e ineficiente dicotomia de bom ou mau, o silêncio, o real.

Três "gerações" de escolas: a primeira é a dos "nossos pais", a escola autoritária, na qual os alunos se levantavam quando o professor entrava em classe e só se sentavam após sua permissão. Nela, era rigorosamente impedida qualquer conversa, bem como a entrada e a saída da sala fora do tempo regulamentado, e os cadernos chegavam a ser censurados, quando não rasgados, se a caligrafia fosse feia. Nomeamos esse modelo de Escola Ataulfo Alves.

Ataulfo Alves (1941), grande compositor da música popular brasileira, compôs uma de suas mais famosas canções junto com Mário Lago, que se chama: "Ai, que saudades da Amélia". O refrão dessa música, "Amélia é que era mulher de verdade", entrou na língua portuguesa, lembrada sempre por um homem que se queixa de uma mulher por suas exigências, e sempre que uma mulher se queixa de um homem por maus-tratos. Eles dizem "Ai, meu Deus, que saudades da Amélia"; elas dizem: "você está pensando que eu sou uma Amélia?"

Reproduzimos, a seguir, a letra dessa canção:

Ai, que saudades da Amélia[6]
Nunca vi fazer tanta exigência
Nem fazer o que você me faz
Você não sabe o que é consciência

---

6   Disponível em: www.paixaoeromance.com/40decada/amelia41/hamelia. htm+am%C3%A9lia+que+era+mulher+de+verdade&hl=pt-BR&ie=UTF-8.

Nem vê que eu sou um pobre rapaz
Você só pensa em luxo e riqueza
Tudo o que você vê, você quer
Ai, meu Deus, que saudade da Amélia
Aquilo sim é que era mulher

Às vezes passava fome ao meu lado
E achava bonito não ter o que comer
Quando me via contrariado
Dizia: "Meu filho, o que se há de fazer!"
Amélia não tinha a menor vaidade
Amélia é que era mulher de verdade

Perguntemo-nos, de passagem: será que Ataulfo gostava mesmo da Amélia? Essa indagação, que fiz ao auditório de quatrocentas pessoas, teve um voto unânime: não! É evidente que Ataulfo gostava da mulher insuportável descrita na canção.

Mutatis mutandis, a Escola Ataulfo, ou seja, a escola tradicional – pelo seu maniqueísmo "ameliano" –, dizia aos alunos que tudo o que nela se aprendia era o certo, da mesma forma que Amélia era a certa; certa e chata. Resultado: o bom estaria fora de seus muros. Isso pode nos explicar porque os muros dessas escolas eram bem altos e vigiados.

Um dos clássicos da literatura brasileira descreve essa situação. Referimo-nos a *O Atheneu*, de Raul Pompéia (1888)[7], mais precisamente à passagem, entre tantas outras, em que o diretor do Atheneu, Aristarco, relata ao menino, Sérgio, sua atividade de ensino, na primeira visita do menino à institui-

---

7   POMPÉIA, Raul. *O Atheneu (chronica de saudades)*. Rio de Janeiro: Gazeta de Notícias, edição original, 1888.

ção que o acolhia. Conta, para pavor do iniciante, de suas lutas, de um trabalho insano, em que ele teria que estar sempre pronto a amordaçar os excessos de cada um, a dar ânimo aos que cedo se dão por vencidos, a vigiar as amizades, a ser violento, amoroso, firme. Um trabalho ingrato que lhe deixa extenuado ao final de cada dia, apenas para retomar no dia seguinte. E conclui: "Ah! meus amigos, conclui ofegante, não é o espírito que me custa, não é o estudo dos rapazes a minha preocupação... É o caráter! Não é a preguiça o inimigo, é a imoralidade!" (ibid., p. 38).

A escola tradicional foi vista como um espaço que restringia a liberdade de expressão dos alunos, no qual eles não eram escutados e tudo lhes era imposto. Consequentemente, a resposta encontrada pela geração seguinte foi a chamada Escola Moderna, caracterizada não mais pelo distanciamento hierárquico professor-aluno, mas pelo contrário: a preocupação com o que cada um pensa, como se posiciona, consagrando o anedótico jargão "vamos ver e pensar juntos".

Nessa nova escola, muitas das aulas passaram a ser dadas com professores e alunos sentados no chão, em círculo, e os comentários de todos – fossem eles mais ou menos elaborados e estudados – recebiam igual valor: "o que você disse é muito importante". Uma crítica jamais era feita diretamente ao aluno, era sempre posta no círculo. Buscava-se encontrar a razão pela qual um aluno dizia o que dizia, especialmente se fosse um grande absurdo. A essa escola, ainda ativa nos dias de hoje, dei o nome de Escola Caetano Veloso, novamente em referência a um cantor e compositor, desta vez contemporâneo, que escreveu a conhecida canção "Meu bem, meu mal". Eis a letra:

Meu bem, meu mal [8]

Você é meu caminho

Meu vinho, meu vício

Desde o início estava você

Meu bálsamo benigno

Meu signo, meu guru

Porto seguro onde eu vou ter

Meu mar e minha mãe

Meu medo e meu champanhe

Visão do espaço sideral

Onde o que eu sou se afoga

Meu fumo e minha ioga

Você é minha droga

Paixão e carnaval

Meu zen, meu bem, meu mal

Diferentemente de Ataulfo Alves, que divide as mulheres considerando a Amélia do bem e a outra, do mal, Caetano põe em uma só mulher os dois aspectos. É um avanço, sem dúvida. Não resolve, no entanto, o silêncio a que nos referimos: o real, que há de ser incluído para que a relação com o saber torne--se responsável e, portanto, criativa. Pois tanto Ataulfo quanto Caetano, nesses exemplos, têm soluções completas: o primeiro, ao excluir o que não serve; o outro, ao equilibrar a ambivalência. Nenhum dá lugar à incompletude do saber, testemunha da presença do real, que é o espaço da criação singular.

Delineamos, por isso, uma terceira escola, para a qual temos apenas condições de apontar como uma tendência, sem melhor definição. Poderíamos ousar chamá-la de Escola Lacan?

---

8   Disponível em: <http://letras.terra.com.br/caetano-veloso/44748/.

Não temos uma canção para exemplificá-la, mas, sim, as palavras usadas por Jacques Lacan em seu Seminário XI, "Os quatro conceitos fundamentais da psicanálise" (1964/1985b, p. 254): "Eu te amo, mas, porque inexplicavelmente amo em ti algo que é mais do que tu – o objeto a minúsculo, eu te mutilo".

Dizer "amo em ti algo que é mais do que tu" sintetiza o excesso: a essência que está além de qualquer significação. Como pensar um modelo prático dessa Escola Lacan, que inscreve o silêncio, o real no amor do saber? A título ainda provisório, pensamos que a experiência de Domenico De Masi (DE MASI; FREI BETTO, 2002, 122-3), na Universidade de Roma, pode ser um exemplo. Esse autor não se propõe a dizer qual seria a melhor didática, mas, sim, relatar sobre aquela que ele desenvolve. Combina pesquisa teórica e prática; trabalhos individuais, em pequenos grupos e coletivos; utilização intensiva da informática, um *site*, em que se encontram o programa, a bibliografia, comentários de filmes e de livros e poemas. Este *site* é gerido por alunos e coordenadores e qualquer pessoa pode acessá-lo.

É evidente que, ao vermos a proposta de De Masi, reconhecemos como ela vem em sequência aos cartéis propostos por Lacan à sua Escola. Basicamente, De Masi estabelece um tema de pesquisa por ano, dividido em unidades. Cada uma dessas unidades é trabalhada da seguinte forma: há, primeiramente, algumas conferências expositivas do tema, seguidas de elaboração e pesquisa por grupos de alunos – acompanhados de tutores – em uma atividade finalizada com a apresentação do resultado por cada grupo, em público. No final do ano, então, os grupos assim constituídos apresentam um trabalho geral sobre tudo o que pesquisaram. Dessa forma, De

Masi associa estudo, pesquisa, tarefas individuais, em pequenos grupos e coletivas, ao *site* e à inter-relação dos alunos dos vários anos.

Será essa a escola que melhor suportará o real? É uma questão a ser provada. Parece-nos, pelo momento, ser a que melhor articula criação e responsabilidade. Fatores que, como temos defendido, são fundamentais na nossa época.

6.4. A EMPRESA

O modelo empresarial da modernidade não sobreviverá aos novos tempos. O que viemos dizendo sobre verticalidade e horizontalidade, pela proeminência do real, tem sua plena importância no domínio empresarial. O sonho do final do século XX, de estabelecer protocolos às diversas funções, até mesmo para os diretores ou o presidente de uma empresa, teve por resultado transformá-los em genéricos. É o que pode, a nosso ver, explicar a progressiva redução da faixa etária dos presidentes de empresas, com o respectivo aumento no número dos consultores no mercado.

Rara é a empresa, de perfil atual, que não conte com um corpo tarimbado de consultores para se salvar da homogeneização dos genéricos. Também em sua relação com o consumidor, não basta mais falar em customizar o produto – essa é uma proposta já ultrapassada e que durou pouco, entre os anos 1990 e o início do nosso século. Já atingimos o tempo da coautoria entre a empresa e seu público: o produto não é mais posto à venda como algo necessário, baseado em uma concepção genérica do ser humano, como antes foi, mas, sim, é oferecido com *design* e de modo criativo, como um objeto de desejo suscetível à criatividade de uso e às fantasias de cada pessoa. Um produto, além de responder à necessidade, tem que contar uma história.

Do ponto de vista do lugar na cultura, antes a empresa era considerada um ambiente sério de trabalho, e a cultura, um lugar de diversão de fim de semana. Na globalização, elas não se excluem, mas combinam-se. A empresa valoriza a cultura e a subvenciona para o público em geral e seus funcionários. Hoje, as empresas descobrem que são elas mesmas geradoras de cultura. Elas vêm ocupar o lugar de organizadores culturais que os Estados tinham e perderam quando se transformaram em simples agências de serviços, tantas vezes de má qualidade, como afirma o jurista Tercio Sampaio Ferraz Jr. (FERRAZ JR., 2002).

Lembramos, porém, que nem todos os executivos estão tornando-se genéricos, como poderia querer Jack Welch (2005) em seus livros com títulos tão sugestivos de massificação comportamental. Grandes figuras da criação produtiva mantêm sua especificidade, como Steve Jobs, da Apple; Lawrence J. Ellison, da Oracle[9] e *sir* Richard Charles Nicholas Branson, da Virgin Express[10], para citarmos alguns exemplos.

Estabelecemos um quadro sinóptico que apresenta aspectos da mudança no universo empresarial, tendo em conta a conceitualização da segunda clínica de Jacques Lacan.

Na passagem da *ordem vertical* à *horizontal*, há um enfraquecimento das funções verticais do pai, do patrão, da pátria. Como a pessoa toma decisões, então? Destituída de uma ordem geral a que se submeteu – um Outro –, ela precisa encontrar nova referência, uma referência fruto do contato com

---

9 Disponível em: http://www.oracle.com/corporate/pressroom/html/ellisonl.html.

10 Disponível em: http://en.wikipedia.org/wiki/Richard_brandson.

Quadro 2

Moderno	Globalizado
Ordem vertical	Ordem horizontal
Orientação paterna	Cálculo coletivo
Verdade	Certeza pessoal
Futuro: projeção do presente	Futuro: invenção do presente
Da impotência à potência	Da impotência ao impossível
Diálogo	Monólogos articulados
Contratos descontínuos	Tratos flexíveis
Isolado	Conectado*
Departamento	Caminho*
Estático	Interativo*
Hierarquia e grupos	Radicais diferenças
Descrição	Especulação e pesquisa*
Treinamento e especialização	Pluralização de experiências
Avaliação	Responsabilização
Adversidade	Oportunidade*
Consumidor	Coautor*
Corporações	Cooperações*
Razão asséptica	Razão sensível

* São citações de material da empresa nova-iorquina de arquitetura e *design* Pompei A.D.

os "outros", seus iguais. Ela precisa fazer um cálculo coletivo de suas circunstâncias – percebendo uma lógica que não se completa por si, que depende do tempo e do movimento dos outros para se estabelecer. Lacan (1945/1998, p. 212) apresenta um texto em que diz: "[...] se, nesta corrida para a verdade, é apenas sozinho, não sendo todos, que se atinge o verdadeiro, ninguém o atinge, no entanto, a não ser através dos outros".

Nessa nova organização, a decisão não pode se basear em uma verdade geral, mas será constituída, portanto, apenas de certeza pessoal. Nela, o futuro não é projeção do presente, como na cultura tradicional, mas, sim, uma "invenção do presente", na "aloplastia" proposta por Freud (cf. capítulo 3).

Sem objetivo definido e ordem predisposta, não se vai *da impotência à potência*, ou seja, à adaptação, à completude com o Outro, mas, sim, *da impotência ao impossível* (de normalizar), que é inserção da singularidade na comunidade mutante.

Do diálogo, passamos à articulação de monólogos, sem necessidade de transmissão de um sentido. Isso implica que o laço social está mais além do sentido. Portanto, os contratos não precisam ser rígidos em conteúdo e descontínuos – iniciando com uma prestação definida e encerrando quando ela é atendida. Ao contrário, as empresas têm sustentado acordos até mesmo não escritos, de prestação renegociável, pactos de longa duração e passíveis de revisão constante, flexíveis. Pactos de uma responsabilidade que não é imposta e externa aos agentes – por força da lei sobre o contrato formal –, mas que cada parte gera para si por decisão própria, por querer os resultados do pacto.

O mundo globalizado é um mundo de prevalência do significante sobre o significado, em que há mais imagens e estímulos que interpretações padronizadas para eles. Essa é a mudança que esse mundo representa: ele excede o sentido (edípico). Eis sua compatibilidade com a psicanálise lacaniana atual. É um mundo no qual não estamos mais isolados, mas, sim, conectados. Nele, substituímos departamentos estanques – desde as fronteiras nacionais até as salas de instituições – por caminhos. O estático é substituído pelo interativo. As hierarquias e grupos, por radicais diferenças – basta ver a moda, que hoje combina linguagem, multiplica seus centros criativos e permite a cada um se vestir de maneira única quando, antes, havia referência vertical, do luxo e das classes sociais.

É um mundo no qual a descrição – que supõe a inteireza estática do Outro – é substituída pela especulação e a pesquisa, de preferência, de fenômenos em mudança. Mundo no qual o treinamento e a especialização, para a repetição de atividades, são substituídos pela pluralização de experiências.

Sem verdade predefinida, este mundo pode passar da avaliação para a responsabilização da criatividade, como aqui propomos. E como não se firmam mais interpretações ou versões certas ou principais para a vida, a noção de adversidade – daquilo que vem contra a "versão boa", o bom caminho (do Pai) – pode ser substituída pela diversidade, ou diversão, sendo cada nova versão uma oportunidade.

Uma quebra nos papéis sociais padrão, como dissemos, leva o consumidor a ser coautor do produto – ele é quem conclui o processo criativo na sua percepção e no uso singular do produto. Corporações de identidades uniformes podem tornar-se cooperações de diferenças. Enfim, a razão asséptica da modernidade pode se tornar uma razão sensível do processo criativo, investido na plasticidade do mundo, na falência das grandes abstrações que visavam a nos conceder respostas coletivas à satisfação.

6.5. A SOCIEDADE

Falemos, finalmente, da contribuição possível da psicanálise atual para a sociedade globalizada como um todo. Esse tema foi desenvolvido no livro *A invenção do futuro* (FORBES, REALE

JR. & FERRAZ JR., 2005), associados a alguns amigos – juristas e filósofos, especialmente –, e desse estudo retomarei algumas referências.

Embora haja quem ainda questione, estamos em uma passagem de era fundamental, que está alterando radicalmente os princípios da identidade humana e de sua socialização. Se o mundo industrial era verticalmente orientado, como temos enfatizado, o mundo atual é horizontalmente estabelecido. Abandonamos o tempo em que o futuro era previsível, pois a sociedade era padronizada, e os pais podiam dizer: "Meu filho, faça tal ou qual escola, se você quiser vencer na vida"; "minha filha, case-se com um bom moço antes dos vinte e um anos". Enquanto esses exemplos banais se multiplicam em nossas memórias, percebemos que hoje já não se aplicam. Estamos em um mundo não previsível, que precisa ser inventado, razão do título que demos ao nosso livro: *A invenção do futuro*.

Comparemos os atuais momentos aflitos de nossa cultura com um grande problema que vivemos na medicina há poucas décadas. Naquela época, os médicos começaram a se inquietar porque, de repente, uma pessoa morria de um câncer de pâncreas; outra, de uma pneumonia galopante; mais outra, de tumor cerebral pouco característico, e a esses e outros sintomas iam sendo dados os tratamentos conhecidos, apesar de uma estranheza – que pairava no ar –, seja pelo volume dos casos ou pelas características não patognomônicas das doenças.

Isso levou alguns pesquisadores a se perguntarem se não haveria algo novo, um fator até então desconhecido, que pudesse explicar a proliferação daqueles casos. Assim, foi detectado que, naqueles pacientes, havia em comum uma baixa de recursos imunológicos, o que justificou o diagnóstico da síndrome de imunodeficiência adquirida (SIDA, em português e em francês, e AIDS, em inglês). Foi esse novo conceito que possibilitou o início de novas pesquisas sobre a causa, a terapêutica, a profilaxia e, hoje, sobre a cura da doença.

Pois bem, parece-nos que a falta de aceitação da novidade pela maioria das pessoas – por ignorância, por vontade própria, por inexistir nome para designá-la – faz com que, no início deste século XXI, estejamos lidando com novos sintomas sem reconhecê-los como originários da globalização e, em decorrência, estamos empregando velhos remédios, de três ordens distintas: notamos uma tendência de retorno à moralidade representada nos elogios aos velhos hábitos familiares, do pai na cabeceira da mesa na hora do almoço e do jantar, etc. Acompanhamos o surgimento, a cada esquina, de neorreligiões que se propõem a dar respostas salvadoras às angústias do momento, da mesma forma que a chuva de livros de autoajuda inunda as livrarias de aeroportos e das estações de trem. A terceira tendência é a medicalização da felicidade, é o sonho cientificista de que para tudo há remédio. Em resumo, estamos em um momento reacionário da volta de atitudes moralistas, neorreligiosas e pseudocientificistas.

Provavelmente, o temor de que a quebra dos padrões pudesse levar a um pandemônio social está mais na cabeça das pessoas do que nos fatos. Por exemplo, temia-se que a diminuição da disciplina sobre o comportamento sexual dos jovens levasse-nos a uma anarquia ou promiscuidade sexual. Isso é contestado por Gilles Lipovetsky no livro *Metamorfoses da cultura liberal* (2004, p. 37), ao afirmar que em pesquisas na França, com pessoas acima de 25 anos, os homens declararam que tiveram, em média, de doze a catorze parceiras; as mulheres, de dois a cinco parceiros. Durante o último ano, em relação à pesquisa, a maioria admitiu ter tido apenas um parceiro sexual. Assim, Lipovetsky conclui que não há razão para se preocupar com promiscuidade e desregramento sexuais.

Índices brasileiros publicados no fim de 2005 pelo jornal *Folha de S. Paulo* mostram o mesmo: que o comportamento sexual dos jovens, longe de ter virado uma "baderna", está mais comportado que antes. Esses fatos desesperam os que pensam que a única forma de organização do laço social seja aquela realizada pela hierarquia da força, do saber e do controle. A sociedade não espera a ordem de ninguém para se organizar. Foi o que nos levou a perguntarmos se já não existe um novo modelo de laço social, que não estamos sabendo legitimar.

Estudamos o comportamento atual dos jovens e dedicamo-nos, em especial, aos esportes radicais e à música eletrônica (FORBES, 1999). Os adolescentes, os que mais sofrem os curtos-circuitos do gozo, mostram-nos as soluções que encontram para organizar o gozo caótico. Uma delas, como tentativa de captura direta do gozo, no limite do dizível, são os esportes radicais: alpinismo, *bungee-jump*, canoagem, paraquedismo, *triatlon* e outros. Esse gozo desbussolado escapa ao circuito da palavra dialogada, com sentido conhecido, mas pode ser apreendido pela palavra-ato, que ordena o excesso de gozo. A palavra-ato marca e nomeia. Como exemplo, temos a palavra poética, que capta algo do ser e, como os esportes radicais, conquista esse gozo.

Fazemos um paralelo com as duas clínicas propostas por Lacan. A primeira, da decifração, pela qual, com o levantamento do recalque, alivia-se o sintoma. A segunda, a clínica do gozo, pela qual a palavra serve para cifrar. Fazendo uma analogia com o alpinismo, seria o *piolet* que marca a pedra do gozo a ser conquistado. Já não analisamos como Freud o fazia, mas damos continuidade a seu trabalho no sentido de tornar o homem responsável por seu gozo. Temos uma nova clínica que trata os sintomas da contemporaneidade, em que o Outro não existe; uma época sem padrão.

A globalização trouxe consequências em termos de desregulação da ordem social. Antes, era notável a presença da organização vertical das identificações, a busca dos ideais próprios da era industrial. Mas o mundo mudou, o lugar do pai foi relativizado, os países uniram-se em comunidades setoriais, a supremacia de certas profissões, como médico, advogado, engenheiro, já não se sustenta e as soluções que serviam há algumas décadas agora estão ultrapassadas. Houve uma quebra dos ideais, uma mudança de paradigma no momento que passamos da era industrial para a era da informação. Sem ideais predefinidos, a pessoa precisa se inventar.

Além dos esportes radicais, trabalhamos também com a questão da música eletrônica, que consideramos uma nova forma de captura do gozo e de invenção (FORBES, 2000). Em 1972, Detroit, cidade industrial, perdeu seu principal pilar com o fechamento da fábrica da General Motors e sua população sofreu os reveses desse fato. Então surgiu uma música, prontamente acolhida, que representava uma nova era, a era pós-industrial. Trata-se da música *techno*, a música eletrônica. Inspiram-se nas máquinas e criam um novo som. São sons oriundos da mecânica, da indústria, da eletrônica, do meio em que os pioneiros dessa música foram criados. Fala-se em cultura *mix*, de mistura. Nas festas embaladas pela música eletrônica, o destaque é o DJ, que mistura sons a partir de discos diferentes tocados ao mesmo tempo. É diferente de outras festas, em que é um grupo musical ou um cantor que atrai a atenção. A música eletrônica não tem letra, não é para ser entendida e nem explicada. O número de participantes aumentou vertiginosamente, principalmente nas cidades europeias de Berlim e Paris. É um fenômeno que indica uma nova forma de captura do gozo do corpo, que não passa pelo diálogo e nem pelo circuito da palavra. É o que esses adolescentes estão a nos sinalizar. Consideramos que eles não sejam rebeldes, mas mutantes. Temos aí uma figura, tal como o analista, pronta às circunstâncias.

Assim, os esportes radicais e a música eletrônica são novas formas de apreender diretamente o real do corpo, em termos de seus limites e mesmo da morte, em uma sociedade que já não tem seus rituais coletivos de elucubração do limite e da morte, como era o caso da comemoração da Quaresma, no Brasil de anos atrás.

A globalização e a queda dos ideais e da ordem paterna levam ao curto-circuito da palavra, o que não é necessariamente bom nem ruim. Como soluções para o melhor, temos o que já apresentamos, os esportes radicais e a música eletrônica. Para o pior, os novos sintomas são as doenças do curto-circuito da palavra, tais como as toxicomanias, a delinquência sem limites, o fracasso escolar e as afecções psicossomáticas.

É preciso um novo analista para essa nova era, do Outro que não existe. Ele poderá se posicionar em um espaço que Lacan, tomando do Tao, chamou de vazio mediano (*vide médian*), entre fazer e desejar, entre corpo e palavra. É através desse analista que o analisante poderá modificar sua relação com seu gozo desbussolado. O analista pode apreender da experiência dos jovens com a música eletrônica e com os esportes radicais como fazer fora do circuito da palavra. Freud pode ouvir a invenção da histérica: o circuito da palavra. "A palavra que antes dizia, hoje toca" (FORBES, 2000, p. 1).

O comportamento dos jovens na música eletrônica, em especial, nos fez melhor compreender a possibilidade dos monólogos articulados – assim nomearíamos – que Lacan antevê no final de seu ensino. Miller (1996)[11] destaca o fato de que o monólogo foi um tema que atraiu Lacan nos anos 1970. Miller propõe o conceito de *l'apparole* a partir da pergunta que Lacan faz no Seminário Mais, ainda: se *lalangue* serviria para o diálogo. Miller entende que não e que é preciso um novo conceito de fala.

Por que mais de um milhão e meio de pessoas dançam juntas nas ruas de Berlim, como ocorre anualmente na *Techno Parade*, assim como nas ruas de Paris ou de São Paulo, com uma música que não veicula nenhum significado? Entendíamos os fã-clubes dos The Beatles ou dos Rolling Stones que, na geração de 68, organizavam quase "torcidas". Compreendíamos quem preferisse o lirismo de Paul McCartney ao *hard* de Mick Jagger; quem sonhasse com *Yesterday* ou quem reclamasse com *Satisfaction*.

Se não entendemos o motivo desse imenso conglomerado da música eletrônica é porque ainda pensamos que só o diálogo pode unir as pessoas; no entanto, constatamos que monólogos podem se articular. O último ensino de Lacan contribui, e muito, para que, à semelhança do que os médicos fizeram geran-

---

11 MILLER, Jacques-Alain. Le monologue de l'apparole. La Cause freudienne, n. 34, p. 7-18, 1996.

do o conceito da SIDA/AIDS, possamos evidenciar, legitimar esse novo mundo, seus problemas e suas possibilidades.

Tratamos de parte desses aspectos nos itens anteriores, ao falarmos da medicina, da família, da educação e da empresa, indicando trabalhos que começam a ser produzidos, aqui e ali, no mundo, não só por psicanalistas, mas também por todos aqueles que poderíamos chamar de "profissionais do incompleto". Assim, por exemplo, nosso colega, o jurista Tercio Sampaio Ferraz Jr. (2002, p. 137), marca a passagem do tempo iluminista em que "a liberdade de um começa onde termina a liberdade do outro", para o tempo atual em que "a liberdade de um começa onde *começa* a liberdade do outro". A discussão dessa proposta encontra-se também no já mencionado livro *A invenção do futuro* (2005).

A liberdade é tema relevante sempre que se fala em responsabilidade. Tradicionalmente, é a suposição de liberdade que justifica a responsabilidade. Assim, no direito, como mencionamos na Introdução, é preciso que haja culpa ou dolo para que haja responsabilidade.

Na psicanálise, ao contrário, a responsabilidade é pelo ressoar que, em princípio, não é livre: fica vinculado aos padrões identitários da pessoa. Somente se a pessoa se responsabiliza por ele, criando ou compondo seu lugar de ressoar, não se acomodando nos lugares-padrão que lhe são oferecidos, é que funda uma forma de liberdade. E fundar a liberdade no ressoar é fundá-la na consonância, no encontro: a liberdade de um que começa junto com a do outro.

Poderíamos continuar nossa exemplificação de como a psicanálise lacaniana do real está só começando, falando, por exemplo, da maneira que ela nos ajuda a pensar um novo tipo de líder para a globalização, diferentemente da política que se fazia até hoje. Tivemos uma experiência concreta de crítica, com o presidente Luiz Inácio Lula da Silva, relatada em nosso livro: *Você quer o que deseja?* (FORBES, 2003). Entendemos, no entanto, que as situações analisadas nesse capítulo já são suficientes para o que queremos demonstrar da incidência generalizada do real e sua prevalência no laço social de nossa época e de como nos propomos tratá-lo.

7. RESPONSABILIDADE: ESTAR DESABONADO DO INCONSCIENTE

Os conceitos de Responsabilidade e Inconsciente pouco foram articulados pelos pós-freudianos. No entanto, defendemos aqui que sua articulação é fundamental à psicanálise na medida em que constitui sua ética, realçada por Jacques Lacan.

Nos capítulos iniciais deste trabalho, mostramos como Freud responsabilizava o sujeito através da assunção do conteúdo inconsciente, que assim descobria-se dividido, castrado.

Há em Freud (1925/1976, p. 163) uma referência especialmente significativa sobre essa forma de responsabilidade, em um artigo que contém o termo no próprio título: "Responsabilidade moral pelo conteúdo dos sonhos". Nesse escrito, ele não detalha em que consiste a responsabilidade proporcionada pelo seu trabalho analítico, mas aponta de forma suficientemente clara que a responsabilidade implicada em uma análise inclui a responsabilidade que o ego reconhece – ou seja, a responsabilidade comunicável, moral, social ou jurídica – e que também excede, alcançando o que é "estranho" ao ego, seu "acaso" (cf. Introdução e capítulos 1 e 4).

O excesso, "estranho", tido em conta pela responsabilidade analítica, conduz Freud a uma crítica da "responsabilidade moral", considerando-a demasiado restrita em face das descobertas psicanalíticas e, justamente por seus limites, uma responsabilidade operadora de sofrimento, não de criação. Já não se trata de responsabilidade pelo conteúdo imoral dos sonhos, mas pelos impulsos maus dos sonhos. O conteúdo do sonho faz parte do ser, que deve se responsabilizar por seus impulsos, sejam bons ou maus, segundo as normas sociais. Se a pessoa defende-se, dizendo que tudo aquilo que lhe é estranho, recalcado, inconsciente não é seu ego, não estará se baseando nas conclusões da psicanálise. O que está repudiando "está" nela e "age" dela para fora. Freud esclarece que não está se referindo ao sentido metapsicológico, no qual esse conteúdo recalcado e mau não pertence ao ego. Ele lembra que, assim como a deformação no sonho e a existência de sonho de ansiedade e de punição atestam sua natureza moral, a interpretação do sonho fornece prova de sua natureza má. Freud atribui ao jurista a construção, para fins sociais, de uma responsabilização que é artificialmente limitada ao ego metapsicológico. Como consequência, não é raro que tal construção entre em contradição com os sentimentos humanos (ibid., p. 165-7). Podemos deduzir dessa passagem que é através de uma ampliação da responsabilidade, para abarcar também o "acaso" (do inconsciente) humano, que um resultado analítico e criativo se obtém.

Lacan (1997) dedicou seu Seminário de 1959-60 à ética da psicanálise e, por vezes, insistiu que ela era o aspecto central da clínica e das pesquisas que desenvolvia. Como leitor de Freud, Lacan notava que era justamente pela responsabilidade clínica nela implicada que a teorização psicanalítica distinguia-se de um saber fútil. Ao criticar o modo leviano de investigação apresentado no texto *Psychopathia sexualis*, de Krafft-Ebing, ou no de Havelock Ellis, Lacan diz que a leitura só pode ser indicada por servir à comparação com o que o pensamento e a experiência de um Freud reintroduziram nessa área. "Isso se chama muito simplesmente responsabilidade" (p. 238).

Lacan buscava a consequência da clínica, conforme sua origem freudiana na intervenção sobre os sintomas corporais de conversão histéricos, vistos na Salpétrière. Há um pragmatismo (para retomarmos o termo usado no capítulo 3) na intervenção analítica, um foco na ação, na mudança de posição da pessoa, que nos permite entender que a orientação lacaniana da clínica é, antes de tudo, ética. Lacan (1964/1985b) comenta que não bastam os grandes tratados de psicanálise, como o de Fenichel (1998), como se tudo já estivesse explicado e ali buscássemos o traço diferencial. Não – numa análise, não é o caso de encontrar o traço diferencial e explicar "porque sua filha é muda – pois o de que se trata é de fazê-la falar..." (p. 18), mas importa a intervenção que levará a esse efeito e que não depende da referência ao traço diferencial.

No mesmo Seminário, Lacan considera que o estatuto do inconsciente não é ôntico, ele é ético (p. 37). Mais tarde, em "Televisão", Lacan (1973/2003) definirá a psicanálise, mais uma vez, por sua ética, afirmando extrair de sua prática a ética do Bem-dizer, relativa ao discurso, mas certamente não a qualquer discurso (p. 539). Na marginália desse texto, feita por J. A. Miller, lê-se: "Só há ética do Bem-dizer, ... só há saber de não-sentido" (p. 524-5).

Curioso é notar como se trata de uma ética do dizer associada a "um saber de *non-sens*", que excede a teoria, como viemos desenvolvendo. Isso nos permite dizer que, no limite, a responsabilidade analítica não é pelo saber, como alguns preferem ler em Freud, mas é pelo não saber, como "acaso" e "estranho", inconsciente até o extremo alheio ao "ego", como Lacan destaca no próprio Freud.

Na primeira clínica lacaniana, a responsabilidade analítica é, por isso, associada à castração, como divisão subjetiva. Conforme já nos referimos, Lacan (1966a/1998) escreve esta fórmula que se tornou célebre: "Por nossa posição de sujeito, somos sempre responsáveis" (p. 873).

Tratamos aqui, portanto, mais do que de uma responsabilidade pelas respostas e sentidos clínicos que o Complexo de Édipo, por um século, conferiu aos sintomas; tratamos de uma responsabilidade pelo não sentido, pela ausência de respostas, na raiz do sintoma – o que Lacan chamou de *sinthome*, para assim falar, novamente, na responsabilidade psicanalítica, agora em tom de segunda clínica. Ele se refere ao conhecimento como enganador e parte da questão da opacidade sexual, já que não nos damos conta que dela não se funda nenhuma relação.

> Isto implica, à mercê do pensamento, que, nesse sentido em que a responsabilidade quer dizer não resposta ou resposta lateral, só há responsabilidade sexual, o que todo mundo, afinal de contas, tem o sentimento. (LACAN, 1975-76/2007, p. 62)

Na segunda clínica, o que ressoa é o *sinthome* apontado por Lacan, que guarda o sem-sentido sexual referido por Freud. Por isso, enfatizamos que a responsabilidade psicanalítica, como a única ética possível, incide sobre a sexualidade.

Ao pesquisar as ocorrências do termo "responsabilidade" em Lacan, encontramos várias outras passagens marcantes, uma das quais trata sobre a responsabilidade do analista.

Por exemplo, um *acting out* é considerado dirigido ao Outro. Se a pessoa está em análise, endereça-se ao analista, que tem a responsabilidade pelo lugar que ocupa.

Consideramos a responsabilidade como o peso da própria relação com a linguagem. Como viemos dizendo, a responsabilidade de alguém, em termos de segunda clínica, é sempre pelo seu ressoar e o seu monólogo. Em termos de primeira clínica, de modo equivalente, trata-se, para Lacan (op. cit.), da responsabilidade pelo lugar ocupado no Outro, pelos significantes que se sustenta. Responsabilidade, portanto, incomunicável, porque vinculada ao significante. A aula de 27 de fevereiro de 1963, Seminário 10 (1962-63/2005, p. 165), trata desse tema em termos do desejo do analista. Lacan (1965) também falou sobre responsabilidade do psicanalista no Seminário 12, durante a aula de 5 de maio de 1965: "Ser analista é estar em uma posição responsável, a mais responsável de todas, porque ele é aquele a quem é confiada uma operação de uma conversão ética radical, aquela que introduz o sujeito na ordem do desejo [...]".

Buscamos, neste trabalho, colaborar com a repercussão de tais considerações, apostando que o tempo atual é especialmente propício para recebê-las, em virtude das transformações que acompanhamos no mundo globalizado (cf. Introdução e capítulo 3).

7.1. A RESPONSABILIDADE PSICANALÍTICA INSCRITA NO MUNDO

Se pudemos defender, até este ponto, que a responsabilidade é o cerne da clínica psicanalítica, mostrando inclusive como as referências de Freud e Lacan ao termo conferem-lhe esse lugar, é interessante perceber agora como a responsabilidade psicanalítica se relaciona com a responsabilidade convencional – a jurídica ou moral.

Freud não colocou essas duas responsabilidades em planos distintos. Ao dizer que "obviamente, temos que nos considerar responsáveis pelos impulsos maus dos próprios sonhos. Que mais se pode fazer com eles?", ele afirmava que a psicanálise conduz à responsabilidade convencional. O que era não convencional nessa proposta de Freud era o conteúdo pelo qual se responsabilizar: um desconhecido, "estranho" e íntimo, que se vinha a conhecer.

Freud propôs uma extensão, um excesso de responsabilidade ou, melhor dizendo, uma responsabilidade pelo excesso.

Qual excesso?

O excesso sobre o saber.

A responsabilidade social está geralmente vinculada ao conhecimento. O homem moral respondia apenas pelo que sabia e desejava de suas ações: uma responsabilidade pelas intenções.

No direito, especialmente no penal, no qual a moral mais tem influência, essa disposição está contida nos conceitos de dolo e culpa. No Brasil, responde-se criminalmente apenas pelas condutas que envolvam dolo (a intenção do resultado criminoso) e, excepcionalmente, culpa (imperícia, negligência ou imprudência). Havendo dolo ou culpa, o direito faz decorrer deles uma responsabilidade moral. Nela, o saber é sempre prévio, preexistente.

No crime doloso, responde-se por saber o resultado que se quer e os meios de obtê-lo. No crime culposo, responde-se por aquilo que se sabia (o risco previsto) ou que se deveria saber.

Problemática semelhante também podemos verificar no direito civil. Hart (1961, p. 77), por exemplo, versa sobre a diferença entre "estar obrigado a" e "ter a obrigação de". O caixa de um banco, diante da ordem "passe-me o dinheiro", está obrigado a entregá-lo ao ladrão, mas não tem a obrigação de fazê-lo. Já o sentinela tem a obrigação de bater continência ao oficial, mas não a responsabilidade de fazê-lo. Por outro lado, segundo Ferraz Jr. (2002), na teoria tradicional dos contratos havia dois princípios, hoje em xeque: ninguém é obrigado para além da sua vontade; todo engajamento voluntário é legítimo. Hoje, uma seguradora, por lei, é obrigada a pagar mesmo por doenças expressamente excluídas do contrato. Por isso, na verdade, o juiz, ao julgar, reconstrói as vontades conforme um padrão de cálculo: custo/benefício. Segue que a liberdade/responsabilidade passa a ser uma espécie de capacidade suposta e pressuposta de fazer aposta com risco mínimo, daí a perda da unidade substancial do homem como ser livre, à moda da era moderna. E a dificuldade de julgar o terrorismo (ato político?), a invasão dos sem-terra (delito ou direito?), a criminalidade profissional nos morros do Rio de Janeiro (crime ou revolução social?), etc. Restaria ainda uma liberdade/responsabilidade pelo sem sentido? Ou, ao contrário do que aprendemos desde os gregos, há sentido em perguntar pelo sentido? Ou, ainda, ao contrário da tradição judaico-cristã, tudo tem uma finalidade ou essa pergunta não leva a finalidade alguma?

O direito espera que todos saibam o que saberia um suposto "homem médio", o *bonus pater familias*, o "bom pai de família" – na expressão que herdamos dos romanos.

É aí que Freud traz a novidade terrível da psicanálise. Ele diz que o "sujeito de direito", que é o "homem médio", é o neurótico; também podemos pensá-lo médio pela sua solução de compromisso, na acolhida da lei do pai. Mas a fantasia fundamental do neurótico é perversa. Sua natureza, diz Freud, é "má". Ele é dividido pela lei. O que a moral espera que ele saiba, o "bem" na sua constituição mais íntima, ora... Ele não sabe.

De uma perspectiva simbólica, ele está barrado e deseja transpor a barra, assim como deseja romper a lei. Se não a rompe – apenas o perverso o faz – é simplesmente porque a resposta de como fazer não lhe ocorre. Ele obedece à lei não porque sabe, mas porque não sabe – poderíamos dizer em tom de primeira clínica lacaniana.

Então, o que Freud está afirmando? Justamente que, no plano das intenções, não há "boa intenção", não há intenção moral.

Ele não discorda da responsabilização social. Considera a moral irrelevante, porque seu juízo de "bem" e "mal" não se aplica ao homem, que é sempre "mau". Então, Freud considera a moral demasiadamente restrita, constrita para o homem, "artificialmente limitada" em face do saber mais extenso que a psicanálise proporciona sobre ele. Porém, esse saber da psicanálise não permite uma revisão da moral: coloca-a em xeque. Por quê? Porque a psicanálise não constitui novas fórmulas estáveis sobre o homem.

Se o saber psicanalítico tivesse sido completo, terminado, perfeito, poderia até ter sido um excesso sobre a moral tradicional, permitindo uma nova "teoria do bem", uma nova moral. Poderia ter redefinido o *bonus pater familias* com um novo saber, mas Freud não fez isso. É justamente porque não há saber completo que o homem foi definido por Freud como mau: mais por não caber nas definições do bem do que por uma qualidade específica. Não se refaz a moral, que encontra sua barreira na psicanálise. O "ato falho-de-saber" do homem, seu ato ruim, mau, perverso, é sempre o seu mais perfeito ato. O inconsciente que move o homem o faz sempre dolosamente. E, disso, o ego nada consegue prever. Em que preocupe ao jurista que gosta da moral penal, a ação dolosa humana guarda sempre o imprevisível ao ego (mesmo no "homem médio").

Por isso, como tem ensinado o jurista Reale Jr. (2004), diante da clássica proposta de que "o preço da liberdade é a eterna vigilância", melhor pensar que "o preço da liberdade é o eterno delito", o que não exclui a responsabilidade da perspectiva psicanalítica.

Afinal, a trama que responde pelo ato do sujeito não é totalmente apreensível pelo ego. Segundo Lacan (1975-76/2007), somos nós que fazemos nosso destino, justamente porque falamos. Acreditamos que falamos o que queremos, mas é o que os outros querem que nos fala. É porque somos falados que fazemos dos nossos acasos algo tramado. É essa trama que chamamos de nosso destino (p. 158-9).

O homem pode sempre responder de seu ato, ao depois; a questão é como fazê-lo simultaneamente. A aptidão de responder é o que define a responsabilidade, tanto no Direito como para Lacan. No Seminário XXIV, sessão de 8 de fevereiro, Lacan (1976-77)[1] comenta que, às vezes, um analista em supervisão quer ir para o divã, como se neste pudesse falar sem responsabilidade e não tivesse que responder pelo que diz. Mas vai descobrir que tem, sim, que responder a esses significantes e a questão do passe começa a se colocar para esse analisante. Ele passa, de discípulo de Freud ou de Lacan, para discípulo do seu sintoma.

Nessa mesma sessão do Seminário 24, Lacan desenvolve a responsabilidade como o "não se desdizer" – sustentar o enunciado com a sua enunciação. Para isso, é preciso suportar que o saber é sempre excedido, é preciso suportar o que se sonha ou se diz em "ato falho", porque o significante implica o homem em uma ação antes mesmo de lhe fazer sentido – é uma maneira de falar do inconsciente em psicanálise.

7.2. A RESPONSABILIDADE PELA LETRA

Dissemos há pouco, através de Freud, que a responsabilidade analítica é a mesma do direito, embora a psicanálise vá além da moralidade implícita nas noções jurídicas de culpa e dolo. O que isso quer dizer?

Em nossa pesquisa, entendemos que o direito não sustenta, para a responsabilidade, um teor moral. Ele tende, atualmente, a manter o seu conceito de responsabilidade à parte dos juízos que a suscitam. Por isso, vemos semelhança entre a responsabilidade jurídica e a psicanalítica, como "aptidão para responder".

---

[1] LACAN, J. Seminário XXIV – *L'insu que sait de l'une-bévue s'aile à mourre* (1976-77). Mimeografado.

Em outras palavras, como conceito, a responsabilidade pode ser pensada à parte dos valores que conduzem a ela. No século xx, assumimos que o sistema jurídico, como ordem significante, comporta mudança de valores. É um direito dos homens, posto pelos homens – por isso, dito "positivo" –, mutável, que não consegue ser o reflexo de qualquer noção de Bem – como já mostrava Antígona, aliás –, embora possa se idealizar que ele reflita um Bem.

Segundo Ferraz Jr (FORBES, REALE JR.; FERRAZ JR., 2005), nos tempos modernos, a questão da universalidade foi se reduzindo à experiência concreta de cada pessoa. Uma sociedade complexa e fragmentada anunciava-se. Para compensar a perda da homogeneidade comunitária, um universal abstrato – o Estado burocrático – veio substituir os universais concretos, tais como deus e o rei, elementos agregadores. A modernidade dá novas características à sociedade ocidental, sendo que ocorreram algumas cisões. A primeira cisão importante diz respeito à separação entre subjetivismo da vontade e objetivismo da razão e da ciência. Consciência ética e verdade ficam cindidas. Ciência e consciência ética afastam-se e a verdade não se constitui mais como fundamento da eticidade. Outra cisão é que as normas da moral e da religião se vinculam apenas no nível das decisões privadas da consciência e já não terão vínculo objetivo como têm as normas jurídicas. Consequentemente, ética e direito distanciam-se. Decorre, então, uma terceira cisão entre liberdade e natureza, já que consciência ética passa a ser considerada questão de conduta e não de ciência. Essas cisões delineiam a sociedade ocidental e, através de sua análise, procuramos entender questões trazidas pela busca de padrões. Assim, foram estabelecidos padrões de conduta e, no campo jurídico, a "positivação", ou seja, a substituição do direito regional, vinculado aos costumes e à vida da comunidade, por normas escritas, ditas positivas. A fim de agregar a comunidade, sua função, o Estado vale-se do direito positivo para lidar com as três cisões, já que esse direito tem uma característica de mobilidade que acompanha as mudanças mundiais e contribui para que o Estado substitua os universais concretos.

No decorrer do século XIX esse modelo deu certo, pois a sociedade tinha uma estrutura vertical, garantindo autoridade, comando e exercício de poder, e funcionava segundo uma lógica de inclusão e exclusão. Mas, no início do século XX, foi havendo um desgaste dessa organização.

Por isso, o positivismo jurídico contemporâneo a Freud, teorizado por Hans Kelsen (1998), na sua *Teoria pura do direito*, mostra o direito em sua estrutura, sintaxe, como destituído de valores – levantando uma onda de críticas e oposição, em especial, daqueles que veem no direito a expressão de uma ordem natural.

Quando a sintaxe jurídica pode ser destacada, vemos sua estrutura significante. Retroativamente, ela se mostra em todo o tempo em que houve direito positivo. Por exemplo: ainda antes da modernidade, quando a Igreja Católica começou a criar procedimentos de resolução de conflitos, processos propriamente jurídicos, instaurando uma burocracia que buscava a universalidade, um dos problemas que se impôs ao direito canônico foi o da prova – como documentar, significantizar a "má intenção" de um agente, para que se pudesse condená-lo de acordo com as leis da Igreja.

Aos homens, não era dada a visão da intenção de um homem, o que apenas Deus conhecia. Era preciso interrogar Deus e aguardar seu sinal. Por isso, o direito canônico trabalhou até

1215 (Concílio de Latrão) sob influência da tradição germânica, praticando os ordálios e "juízos de Deus". Nos ordálios, era concedida ao acusado a oportunidade de provar sua inocência expondo-se à demonstração divina. Há registros de que o acusado colocava a mão no fogo, em água fervente ou tinha as mãos cobertas de cera e tecidos, para segurar um ferro em brasa por dias. Se resistisse a essas provações, seria por vontade de Deus, o que indicava sua inocência. Nos chamados "juízos de Deus", por outro lado, o acusador e o acusado teriam que lutar e a verdade estaria com o vencedor.

No que os ordálios e juízos de Deus são exemplares, a incorporação pelo direito dos valores morais sempre dependeu de uma "significantização", que pode ser pensada sob o brocado jurídico "o que não está nos autos não está no mundo". Isso mostra como o significado, a carga valorativa que acompanha o sistema significante está dele barrado. O direito, independentemente da moral nele implicada, é um sistema de primazia do significante. Por isso, podemos pensá-lo como um sistema de responsabilização – mesmo que limitado em face da psicanálise. "O que não está nos autos não está no mundo" implica: é o que está nos autos que está no mundo. Corresponde, em Lacan, à impossibilidade de se "desdizer" e, em consequência, à responsabilidade pelo dito.

A responsabilidade jurídica pode ser pensada independente e simplesmente como um "pagar o preço", que é apresentar o novo significante em resposta ao anterior.

No entanto, não afirmamos que a responsabilidade seja, simplesmente, significante. Se ela tem relação com a fala – como defendemos que todo ser falante é responsável –, cabe-nos retomar o que desenvolvemos no capítulo 1: a responsabilidade é fundada na relação singular com a fala, não na geral, comum, do significante comunicável. Por isso, mais além do significante, fundamos a responsabilidade na *letra*, categoria que Lacan (1971/2003, p. 19) utilizou para indicar a raiz sem sentido na constituição do *parlêtre*, afirmando:

> Tentarei indicar, portanto, o ponto crucial do que me parece produzir a letra como consequência, e linguagem, precisamente pelo que digo: que esta é habitada por quem fala.

O conceito de responsabilidade pode ser isolado, no direito, como um conceito muito próximo ao psicanalítico, desde que o direito possa ser examinado em sua sintaxe, como *ordem significante* sustentada por *parlêtres*. Ou seja, desde que a estrutura do direito esteja desabonada da moral.

7.3. DESABONADO DO INCONSCIENTE

Para avançar um pouco mais nessas especificações, podemos acrescentar que o direito responsabiliza quando a culpa, o fator subjetivo, vira significante. Ou seja, não se condena alguém pela sua culpa íntima (saber que cometeu o crime ou que o podia ter evitado), mas apenas pela culpa que se expressa nos autos do processo – o que, afinal, não é "subjetivo". Nesse sentido, ao contrário do que se costuma pensar, o direito não associa o que se chamam "os fatores subjetivos" (dolo e culpa) à "responsabilidade"; ele, por trabalhar apenas com significantes, distingue-os.

Lacan (1978-79)[2] comenta, na sessão de 8 de maio de 1979, que, quando a pessoa observa a si mesma, se escuta e se sente

---

2 LACAN, J. *Seminário XXVI – La topologie et le temps,* 1978-79. Mimeografado.

idiota, angustiada, é que se impõe a ideia de calar-se, não insistir, porque seria ridículo. Então, o sujeito desdiz-se, retrata-se e, nesse momento, tem razão em estar na posição de culpa, pois cedeu da sua responsabilidade, ou seja, da sua aptidão de responder.

Para responder, o *parlêtre* precisa suportar o acaso e a surpresa que a letra – a sua letra – importa ao significante sob o qual ele se apresenta socialmente. Assim, podemos ler a proposta de Lacan de que um analisando termina a análise quando está desabonado do inconsciente, ou seja, quando é capaz de traduzir a culpa – inconsciente, moral, marcada do "mau" e, por isso, no limite, indizível – por um significante novo, uma resposta: a responsabilidade.

Pierre Rey (1990, p. 168) declara ter aprendido com Lacan a nomear as coisas, nunca recuando perante uma palavra, não fugindo de uma situação em que julgasse importante defendê-la em nome da ética. "Se não tinha mais medo das palavras, como poderia temer as coisas?", indaga.

Assim como a responsabilidade jurídica se torna conceito puro quando está desabonada da moral, a pessoa é responsável quando está desabonada do inconsciente: não que não se depare com ele, com o "estranho" em si mesmo, mas quando já não se vale dele como escusa – justamente porque tem demonstrado, para si, que o "estranho" lhe é íntimo.

CONCLUSÃO

CONSEQUÊNCIAS

O que podemos extrair dessas propostas? Primeiramente, que o contato humano implica responsabilidade: como o significante excede o sentido, seu uso requer que suportemos a novidade que ele propicia. O maior contato humano proporcionado pela globalização implica maior responsabilidade, e o tema ganha relevo hoje, conforme são desvalorizadas as "desculpas" encontradas nos saberes que nos são fornecidos pela tradição e pela ciência – que se desgastam como "lugares-comuns".

Sendo assim, há uma responsabilidade social que opera em função de sermos seres falantes e que não depende sequer da responsabilidade jurídica (adstrita às situações em que há imputação normativa).

Além disso, a mudança de valores sociais não implica irresponsabilidade. Se já não implica dentro do direito – como se pode pensar e como vimos, desde Kelsen (1998) –, tampouco implica aspectos da vida que passam longe do direito. A responsabilidade é pelo significante dissociado da significação, o significante feito letra, que toca o corpo, como trabalhamos no capítulo 3 – no ponto capitonê – e como há pouco foi definido em uma citação de Jacques Lacan. A responsabilidade é por ser falante, *parlêtre*. A responsabilidade é ética e não por qualquer significado moral.

Como vimos no caso clínico do capítulo 5 e como veremos na diferenciação entre o sintoma como gozo de um saber e o sintoma joyceano de um gozo que não se sabe, o ponto fundamental que estamos indicando, na passagem da primeira para a segunda clínica, é o de um real que se conhece e se goza do seu sentido, para um real impossível de se conhecer, o que só aumenta a importância da responsabilidade. Lacan (1988), na sessão de 13 de janeiro de 1960, comenta que Freud, nos *Três ensaios sobre a sexualidade*, falando sobre a libido, usa dois termos correlativos: *Fixierbarkeit*, para se referir à fixação, com a qual estabelecemos o registro de explicação do que é inexplicável, e *Haftbarkeit*, perseveração, mas que ressoa em alemão e quer dizer responsabilidade, comprometimento (p. 112).

A responsabilidade da pessoa é por suas vias libidinais, por seu gozo, como "fixão" da letra – não "ficção" (cf. capítulo 3) –, como suas ressonâncias, que podem ser as mais diversas. Lacan (1973[1972]) indica que recorrer ao *não-todo* (*pas-tout*) é sair das ficções da mundanidade para produzir outra fixão, do real. Recorrer ao *não-todo* "é também traçar o caminho pelo qual se encontra, em cada discurso, o real com que ele se enrosca, e despachar os mitos de que ele ordinariamente se supre" (p. 35).

A fixão de que se ressoa é base da criatividade. Sem ela, as ficções são repetições do mesmo, do romance familiar. A fixão do real funciona como modulador das ficções, dando origem à repetição da diferença e, assim, às ficções criativas e articulando, desse modo, desejo e gozo (FORBES, 1990). Por tudo isso, é possível ao psicanalista trabalhar, com o jurista, no estudo da pluralização das frentes de responsabilização para além do Estado e no estabelecimento de um sistema que não se limite a qualquer moral, de modo a não causar o sofrimento indicado por Freud, mas propiciar a criatividade. A sociedade já tem encontrado vias de ampliação da responsabilidade conforme pluraliza suas referências – a pessoa já pode confrontar, por exemplo, a propaganda que recomenda um alimento com o médico que o critica ou uma moral que recomenda a briga e o advogado que sugere a conciliação. Ela pondera entre discursos persuasivos, opta; não está mais apenas sob o discurso do Estado (e sua constituição como Nome-do-Pai), mas está, cada vez mais, organizada pelo ponto capitonê discursivo que compõe as organizações não governamentais, as agências de governo, as ordens de classe, as empresas, os diversos órgãos de mídia e até a própria palavra das pessoas, lida agora imediatamente ao redor do mundo através da internet, nos *blogs*.

A contradição e o choque de valores existentes na estrutura da sociedade globalizada propiciam a responsabilidade da letra e de alcance psicanalítico, que Freud e Lacan buscaram.

CONSIDERAÇÕES FINAIS

A limitação da responsabilidade jurídica apontada por Freud, em sua época, refere-se à sua restrição ao sabido. Não ao saber de cada um, mas ao sabido "de todos": limita-se aos significantes acessíveis ao ego, quando a psicanálise expõe que há mais a considerar.

A responsabilidade jurídica impõe-se quando o sujeito sabia o que fazia, mas também quando não sabia o que deveria saber, porque seria um conteúdo de acesso universal: *ignorantia legis neminem excusat*. Isso é contrário à noção de inconsciente, na medida em que o inconsciente não é simplesmente o que se ignora e deveria saber: é o fato de que sempre emergirá o "estranho". Isso levou Lacan (1974/1988)[1], de forma positiva, a afirmar que a psicanálise se colocava fora do mundo, chegando a escrever que ela está no i-mundo. Isso também fez, negativamente, com que muitos passassem a ver o inconsciente como uma descarga de responsabilidade, como desenvolvemos na Introdução e no capítulo 1 desta obra.

Por consequência, a passagem da primeira para a segunda clínica aumenta a importância da reflexão sobre a responsabilidade. Se na primeira clínica o analista empresta sentido, na segunda clínica ele empresta consequência. Ao emprestar sentido, cada fala do analisante leva a outra e mais outra, sucessivamente, o que pode lhe dar a impressão de que o que ele está falando não tem importância, de que o relevante ainda não foi dito. Ao emprestar consequência, o analista não espera nada além do dito. Para exemplificar, seguem-se

---

[1] Lacan (1974) se refere a "i-mundo" em "La tercera". In: *Intervenções y Textos 2*. Buenos Aires: Manancial, 1998, p. 102.

algumas intervenções atribuídas a Lacan, apresentadas por Allouch (1998):

> Paciente:
> – Puxa! eu sou uma besta.
> Lacan:
> "– Não é porque você diz que não seja verdade." (p. 39)
> Ou ainda:
> – O senhor deve se dar conta de que, se pensa que os outros pensam que o senhor pensa mal, isso talvez se deva simplesmente ao fato de o senhor pensar mal.
> Outro caso:
> – Você possivelmente pensa que não sou tão inteligente quanto você?, fala o paciente.
> "– Quem lhe diz o contrário?" responde docemente Lacan, depois de um suspiro (p. 87).
> Sempre na mesma linha:
> O paciente chega, deita e depois de algum tempo fala:
> – Não tenho nada a dizer...
> Lacan responde:
> "– Pois é! Isso acontece! Até amanhã, meu caro." (p. 64)

Em todas essas passagens da clínica destacamos o mesmo elemento: a consequência do que se diz.

Na primeira clínica, tratávamos do sujeito do inconsciente; na segunda, do *parlêtre*. Na primeira, sempre se esperava um novo sentido, na sequência da cadeia significante; na segunda, trata-se de evidenciar um sentido a menos, manifestação da presença de um corpo duro, de um sintoma, onde não há um mais além, mas uma presença a suportar. É o que nos faz dizer que somos responsáveis pelo acaso e pela surpresa.

E como articulamos responsabilidade com acaso? A responsabilidade própria da psicanálise não se resolve em esquiva, explicação ou desculpa.

Um exemplo vem da literatura, especificamente das primeiras páginas dos *Três mosqueteiros*, de Alexandre Dumas (1962)[2]: D'Artagnan chega a Paris cheio de sonhos de ser incorporado aos Mosqueteiros do Rei. No momento que se apresenta a M. de Tréville e vai tirar de seu bolso a carta de seu pai que prova sua origem nobre e amiga, dá-se conta de que a carta lhe foi roubada, chegando mesmo a avistar o meliante em fuga, da janela do chefe dos mosqueteiros.

Sem tempo para explicação, sai correndo à cata do documento precioso. Em sua desvairada corrida, esbarra sucessivamente em três de seus heróis, Athos, Porthos e Aramis. O primeiro, D'Artagnan ofende pelo trombaço que o fez cair sob os paralelepípedos, ele, que já estava com uma forte gripe. O segundo, ofende por ter proporcionado a ridícula visão de seu gibão puído internamente, que lhe valeu a chacota dos pares. O terceiro, ofende ao se imiscuir na intimidade de um lenço disfarçadamente deixado cair no chão. A cada uma das três ofensas, três convites irrecusáveis: o de se bater em duelo

---

2   Renato Janine Ribeiro trabalhou conosco o tema durante nosso seminário "Saber, Desejo e Responsabilidade". A conferência foi publicada: "Da responsabilidade na psicanálise", *Revista Dora*: Psicanálise e Cultura, ano 2, n. 2, ago. 1999, p. 13-6. Nessa conferência, Janine sugere o exemplo dos "Três Mosqueteiros" para pensar a responsabilidade pelo acaso. Trabalhamos também o tema durante o nosso seminário de 2002: "Inconsciente e Responsabilidade: Um Novo Amor" (sinopses publicadas em: http://www.jorgeforbes.com.br/br/contents.asp?s=25&i=12).

de morte, no dia seguinte. Nenhuma possibilidade de pedir desculpa ou de tentar explicar que a intenção não era essa.

O único momento em que D'Artagnan pede desculpas é quando chega ao local marcado para o duelo e se depara com os seus três oponentes; quando o faz, não é sem surpresa que as desculpas são ouvidas – o que o leva rapidamente a esclarecer que a única desculpa que pede é talvez não poder chegar até o terceiro duelo, por morrer no primeiro ou no segundo. E D'Artagnan tira sua espada.

Esse exemplo nos favorece esclarecer dois pontos: primeiramente, a referida frase de Lacan (1966a/1998, p. 873): "Por nossa posição de sujeito, sempre somos responsáveis"; a responsabilidade pelo "estranho", que é incorporado pela pessoa. Segundo ponto, o tema da *vergonha* ao qual Lacan se refere no Seminário XVII, "O avesso da psicanálise" (1969- -70/1992, p. 184): "[...] é que, não demasiado, mas o suficiente, me acontece provocar-lhes vergonha". Estas foram as últimas palavras de Lacan no encerramento desse seminário. Nessa sessão, Lacan comenta com seu público, que lhe trouxe a dimensão da vergonha, tema do qual não é cômodo falar e que deve ser a origem do significante-mestre (ibid., p. 180).

Para Lacan, na psicanálise, trata-se de provocar vergonha. O que isso significa? Em nossa leitura, a vergonha é o fundamento da responsabilidade, porque a vergonha é marcada pelo estranhamento de si mesmo.

Quando alguém é capaz de sustentar ou, em outras palavras, honrar esse estranhamento, a responsabilidade está estabelecida. Assim desenvolvemos a relação entre vergonha e honra em nosso seminário de 2003, intitulado "Vergonha, Honra, Luxo".

Em uma intervenção no curso de Orientação Lacaniana, de J. A. Miller, 2002, É. Laurent comenta que nosso tempo reflete os movimentos estudantis de maio de 1968, sob a bandeira do "é proibido proibir", e que a psicanálise visaria à vergonha que faltava a esse movimento. Laurent retoma isso para responder à pergunta: "Mas a vergonha que já circula, que pesa ao neurótico quando ele procura um analista, não basta?" Ocorre que a vergonha que Lacan quer provocar é outra, que não alimenta a neurose, quando ela se opõe ao desenfreamento. Para Laurent, a vergonha é um afeto eminentemente psicanalítico, que faz parte da série da culpa. Uma das bússolas do ato analítico fornecida por Lacan é a de jamais desculpabilizar. O sujeito sempre tem razão por se sentir culpado, ele só não sabe o porquê. Para Miller, nesse mesmo curso, a vergonha é mais íntima que a culpa: "A vergonha é um afeto primário da relação com o Outro". Já a culpa é um efeito no sujeito de um Outro que julga. Miller coloca em relação a culpa com o desejo e a vergonha com o gozo. A vergonha psicanalítica é uma resposta possível para o desbussolamento da globalização.

A honra, simbólica, funda-se sobre essa vergonha. A honra recobre a vergonha. O que, do imaginário, toca este ponto íntimo, da vergonha, e que permite à pessoa fazer disso sua particularidade, é o luxo.

A vergonha está, dessa perspectiva, articulada à honra, diferenciando dois tipos de postura na vida: os que querem só salvar a sua pele – *primum vivere* – e os que pensam que sem certas condições, sem ponto de honra, melhor não viver. É preciso diferenciar a vida baseada na honra e a vida baseada no *primum vivere*. A vida baseada na honra nos conduz a falar em duas mortes: a morte pela honra e a morte natural. Um aspecto específico do aristocrata, um traço identificatório que o designa, mas que não lhe pertence é relacionado à expressão "mais forte que eu". André Gide é lembrado por Lacan como alguém que insistiu em sua singularidade; um sujeito barrado ante um significante-mestre, estando assim na posição do aristocrata.

Isso nos levou a entender, com Lacan, que a análise vai do acidente à coincidência. Lacan refere-se a três tempos do sintoma. Quando aquele que procura o analista se implica na sua própria queixa, constitui-se um sintoma, em sua vertente decifrável. Trata-se do primeiro tempo. Depois, pode ser que algo vivido como uma surpresa acomode-se entre os sintomas típicos. Freud (1917/1969) demonstra decepção ao falar desse aspecto. Ele diz que temos muita capacidade de explicar os sintomas neuróticos individuais, mas que, perante os sintomas típicos, ficamos na incerteza.

Como já havíamos desenvolvido em nosso livro *Você quer o que deseja?*, haveria um gozo em ser como todo mundo, uma tranquilidade, em um segundo tempo – o do sintoma como gozo. Finalmente, no terceiro tempo, reaparece o sintoma particular, não decifrável, intratável. É um aspecto da pessoa e do qual ela não consegue se desvencilhar, nem pela compreensão de seu sentido, nem pela tentativa da igualdade ou equivalência aos outros. É um sintoma que identifica alguém pelo fato de não poder deixar de ser.

Para distinguir o sintoma tratável, decifrável, do início da análise, do sintoma intratável do final, Lacan valeu-se da diferença entre a nova e a velha ortografia do termo "sintoma" em francês.

Segundo o dicionário *Petit Robert* (1989), o termo aparece na língua francesa em 1370, grafado como *sinthome*, adquirindo, em 1538, a grafia atual, *symptôme*. Lacan explica que a grafia atual faz referência abusiva à origem grega do termo pela presença do *ptoma*, partícula que indica queda. Dizemos, por exemplo, "caí doente". Ora, escrever com a velha grafia, sem o *ptoma*, tira essa evidência do cair, do desvencilhar, como dizíamos antes. Uma análise caminharia do *symptôme* ao *sinthome*. Isto é, da perda das identificações à identidade essencial.

Procuramos a correspondência desse exemplo em português. Os dicionaristas registram sintoma como "acidente", algo que cai, e como "coincidência", que significa igualar-se. Parece-nos razoável propor, com Lacan, que no início de uma análise o sintoma seja tratado como um acidente, algo estranho, e que em seu percurso, da depuração sofrida pelo trabalho da análise, o sintoma estabeleça-se como coincidência inevitável, não mais expressão de um compromisso conflitante do qual se pode liberar, mas de uma identidade; osso duro a suportar. Uma análise iria do acidente à coincidência.

CONCLUSÃO

> Dentre as diversas formas de sintomas relatadas – aquelas provenientes dos esforços da ciência e da religião em descobrir a felicidade; as novas formas que tomam o relevo do social e podem ser decifradas; as diversas formas do próprio sintoma como sentido, gozo ou identidade – há que destacar uma quarta, uma nova forma de sintoma, fruto de uma análise, o osso duro a suportar: o psicanalista. (FORBES, 2003, p. 194)

Com efeito, o fruto de uma análise, o *parlêtre* responsável da sua letra, como quarta forma de sintoma – o *sinthome* –, é o psicanalista (LACAN, 1975-76/2005, p. 135).

Por isso, disse mais tarde Lacan: "Freud oferece testemunho em si mesmo deste lugar indivisível do que diz, construindo o responsável herético de sua palavra" (Seminário 24, 8 de fevereiro de 1977, retranscrição pessoal).

Em lugar do acidente, a base da coincidência é não esperar uma garantia do inconsciente (desabonar-se dele), *responsabilizar-se* sobre este ponto estranho, que "sou eu", inventar uma solução e uma forma de articular-se no mundo. Foi o que pretendemos demonstrar.

REFERÊNCIAS[1]

ABBAGNANO, Nicola. *Dicionário de Filosofia*. São Paulo: Martins Fontes, 2000.

ABRAHAM, Karl. *Histoire de la libido. Les stades de la libido*: de l'enfant à l'adulte (1924). Paris: Tchou, 1978.

AGAMBEN, Giorgio. *Profanações*. Trad. Selvino J. Assmann. São Paulo: Boitempo, 2007.

ALLOUCH, Jean. *Allô, Lacan? Certainement pas*. Paris: Epel, 1998.

ALVES, Ataulfo & LAGO, Mario. *Ai que saudades da Amélia*. Samba, 1941. Disponível em: www.paixaoeromance.com/40decada/amelia41/hamelia.htm+am%C3%A9lia+que+era+mulher+de+verdade&hl=pt-BR&ie=UTF-8. Acessado em: 14/08/2010.

ANDRADE, Mário de. *Inspiração (1921). Poesias completas*. São Paulo: EDUSP, 1987, p. 83.

---

[1] De acordo com a Associação Brasileira de Normas Técnicas. NBR 6023.

CAEIRO, Alberto [heterônimo de Fernando Pessoa] (1914). "O que nós vemos, XXIV". *O guardador de rebanhos*. Lisboa: Clássica, 1985.

COELHO DOS SANTOS, Tania. "Ciência e clínica psicanalítica: sobre o estruturalismo e as estruturas clínicas". *Estudos Lacanianos*. FAFICH/UFMG, n. 1, p. 187-98, 2008a.

_____. "Entre tapas e beijos: a vacilação dos semblantes da diferença sexual". *Latusa: Revista da Escola Brasileira de Psicanálise*, Seção Rio de Janeiro, n. 13, p. 201-11, 2008b.

_____. "O psicanalista é um sinthoma". *Latusa: Revista da Escola Brasileira de Psicanálise*. Seção Rio de Janeiro, n. 11, p. 57-72, 2006.

_____. "O sintoma e a insígnia: fantasia ou caráter?" *Latusa: Escola Brasileira de Psicanálise*. Seção Rio de Janeiro, n. 10, p. 37-53, 2005.

_____. *Quem precisa de análise hoje? O discurso analítico: Novos sintomas e novos laços sociais*. Rio de Janeiro: Bertrand Brasil, 2001, 336 p.

COTTET, Serge. "Le déclin de l'interprétation". *Quarto: Bulletin de l'École de la Cause freudienne*, Bruxelas, n. 60, p. 95-9, 1996.

DAMÁSIO, António. *O erro de Descartes: emoção, razão e o cérebro humano*. São Paulo: Companhia das Letras, 1996.

DEFFIEUX, Jean-Pierre. "Réflexions sur un dit de Lacan à Yale en 1975". Tresses / *Association de la Cause freudienne* – Aquitania, n. 22, p. 6-9, dez. 2005. Publicado em 5 nov. 2005 na lista eletrônica da ECF.

DE MASI, Domenico; FREI BETTO. *Diálogos criativos*. São Paulo: De-Leitura, 2002, 148p.

DUMAS, Alexandre. *Les trois mousquetaires*. Paris: Gallimard, 1962, 721p.

FENICHEL, Otto. *Teoria psicanalítica das neuroses*. São Paulo: Atheneu, 1998.

FERRAZ JR., Tercio Sampaio. *Estudos de filosofia do Direito*. São Paulo: Atlas, 2002, 286p.

FERRY, Luc. *Famílias, amo vocês: política e vida privada na era da globalização*. Trad. Jorge Bastos. Rio de Janeiro: Objetiva, 2008.

FORBES, Jorge. "Felicidade não é bem que se mereça". *Opção Lacaniana: Revista Brasileira Internacional de Psicanálise*, São Paulo, n.54, p.55-9, maio 2009. Disponível em: http://www.jorgeforbes.com.br/br/artigos/felicidade-nao-e-bem-que-se-mereca-versao-completa.html. Acessado em: 19/07/2010.

_____. "A psicanálise do homem desbussolado – as reações ao futuro e o seu tratamento". *Opção Lacaniana: Revista Brasileira Internacional de Psicanálise*, São Paulo, n.42, p.30-3, fev. 2005a. Disponível em: http://www.jorgeforbes.com.br/index.php?id=115. Acessado em: 14/05/2010.

_____. "A presença do analista". Conferência de inauguração do site do Instituto da Psicanálise Lacaniana, 26 out. 2005b. Editado por Andréa Naccache. Disponível em: www.jorgeforbes.com.br/br/contents.asp?s=22&i=57. Acessado em: 11/06/2010.

_____. "As figuras do bem e do mal e a educação". Conferência plenária de encerramento – A escola Lacan: questões à pedagogia. III Colóquio do Núcleo de Pesquisa de Psicanálise e Educação FEUSP/IPLA. 27 ago. 2005c. Disponível, com modificações, em: www.projetoanalise.com.br/index.php%3Fid%3D260+forbes+as+figuras+do+bem+e+do+mal+e+a+educa%C3%A7%C3%A30&hl=pt-BR&ie=UTF-8. Acessado em: 20/07/2010.

FORBES, Jorge; REALE JR., Miguel & FERRAZ JR., Tercio Sampaio (Orgs.). *A invenção do futuro*. Barueri: Manole, 2005, 150p.

FORBES, Jorge. *Você quer o que deseja?* São Paulo: Best Seller, 2003, 208p.

_____. "Inconsciente e responsabilidade: um novo amor". Seminário patrocinado pela Divisão de Psicologia do Instituto Central do Hospital das Clínicas da Faculdade de Medicina da USP, São Paulo, 2002. Paper da sinopse do seminário, por Andréa Nacache. Disponível em: http://jorgeforbes.tempsite.ws/index.php?id=28. Acessado em: 11/06/2010.

FORBES, Jorge. "Le mot touche". *La Lettre Mensuelle*: École de la Cause Freudienne, n. 184, p. 48-50, 2000.

_____. *Da palavra ao gesto do analista*. Rio de Janeiro: Jorge Zahar, 1999, 190p.

_____. "Curtos-circuitos do gozo". *O Risco – Publicação da Associação Mineira de Psiquiatria*, ano X, n. 8, p. 3, 1999. Disponível em: http://www.jorgeforbes.com.br/br/artigos/curtos-circuitos-gozo.html. Acessado em: 13/08/2010.

_____. "A transmissão em nova ordem de grandeza". *Carta de São Paulo: Boletim da Escola Brasileira de Psicanálise*, n. 21, p. 4-16, 1997.

_____. "Opção Escola: da transferência analítica à transferência de trabalho". *Anuário Brasileiro de Psicanálise*, Rio de Janeiro, p.114-7, 1992/1993.

_____. "Fixões". *Agenda de psicanálise*. Rio de Janeiro: Relume Dumará, p. 69-73, 1990.

FOUCAULT, Michel. *Vigiar e punir: história da violência nas prisões*. 9. ed., Petrópolis: Vozes, 1991, 277p.

_____. *História da sexualidade:* o uso dos prazeres, vol. 2, 12.ed., Rio de Janeiro: Graal, 1984.

FREUD, Sigmund. "Extratos dos documentos dirigidos a Fliess – Carta 69 (1950 [1897])". *Edição Standard Brasileira das Obras Psicológicas Completas de Sigmund Freud*. Trad. sob a direção de Jayme Salomão. Rio de Janeiro: Imago, 1977, v. I, p. 350-2.

_____. "Novas conferências introdutórias sobre psicanálise: Conferência XXXIII – Feminilidade" (1933 [1932]). *Edição Standard Brasileira das Obras Psicológicas Completas de Sigmund Freud*. Trad. sob a direção de Jayme Salomão. Rio de Janeiro: Imago, 1976, v. XXII, p.139-65.

_____. "Algumas conseqüências psíquicas da distinção anatômica entre os sexos" (1925). *Edição Standard Brasileira das Obras Psicológicas Completas de Sigmund Freud*. Trad. sob a direção de Jayme Salomão. Rio de Janeiro: Imago, 1976, v. XIX, p.303-20.

_____. "Algumas notas adicionais sobre a interpretação de sonhos como um todo. Parte B: Responsabilidade moral pelo conteúdo dos sonhos" (1925). *Edição Standard Brasileira das Obras Psicológicas Completas de Sigmund Freud.* Trad. sob a direção de Jayme Salomão. Rio de Janeiro: Imago, 1976, v. XIX, p. 155-73.

FREUD, Sigmund. "A perda da realidade na neurose e na psicose" (1924). *Edição Standard Brasileira das Obras Psicológicas Completas de Sigmund Freud.* Trad. sob a direção de Jayme Salomão. Rio de Janeiro: Imago, 1976, v. XIX, p. 227-34.

_____. "Uma breve descrição da psicanálise" (1924 [1923]). *Edição Standard Brasileira das Obras Psicológicas Completas de Sigmund Freud.* Trad. sob a direção de Jayme Salomão. Rio de Janeiro: Imago, 1976, v. XIX, p. 237-59.

_____. "O ego e o id, cap. III: O ego e o superego (ideal do ego)" (1923). *Edição Standard Brasileira das Obras Psicológicas Completas de Sigmund Freud.* Trad. sob a direção de Jayme Salomão. Rio de Janeiro: Imago, 1976, v. XIX, p. 42-54.

_____. "Psicologia de grupo e análise do ego" (1921). *Edição Standard Brasileira as Obras Psicológicas Completas de Sigmund Freud.* Trad. sob a direção de Jayme Salomão. Rio de Janeiro: Imago, 1976, v. XVIII, p. 89-179.

_____. "Além do princípio do prazer" (1920). *Edição Standard Brasileira das Obras Psicológicas Completas de Sigmund Freud.* Trad. sob a direção de Jayme Salomão. Rio de Janeiro: Imago, 1976, v. XVIII, p.17-85.

_____. "O estranho" (1919). *Edição Standard Brasileira das Obras Psicológicas Completas de Sigmund Freud.* Trad. sob a direção de Jayme Salomão. Rio de Janeiro: Imago, 1976, v. XVII, p. 273-318.

_____. "Análise terminável e interminável" (1937a). *Edição Standard Brasileira das Obras Psicológicas Completas de Sigmund Freud.* Trad. sob a direção de Jayme Salomão. Rio de Janeiro: Imago, 1975, v. XXIII, p. 239-87.

_____. "Construções em análise" (1937b). *Edição Standard Brasileira das Obras Psicológicas Completas de Sigmund Freud.* Trad. sob a direção de Jayme Salomão. Rio de Janeiro: Imago, 1975, v. XXIII, p. 291-304.

FREUD, Sigmund. "O mal-estar na civilização" (1930). *Edição Standard Brasileira das Obras Psicológicas Completas de Sigmund Freud*. Trad. sob a direção de Jayme Salomão. Rio de Janeiro: Imago, 1974, v. XXI, p. 75-171.

_____. "Meus pontos de vista sobre o papel desempenhado pela sexualidade na etiologia das neuroses" (1906 [1905]). *Edição Standard Brasileira das Obras Psicológicas Completas de Sigmund Freud*. Trad. sob a direção de Jayme Salomão. Rio de Janeiro: Imago, 1972, v. VII, p.279-92.

_____. "O sentido dos sintomas" (1917). *Edição Standard Brasileira das Obras Psicológicas Completas de Sigmund Freud*. Trad. sob a direção de Jayme Salomão. Rio de Janeiro: Imago, 1969, v. XVI, p. 305-22.

_____. "Sobre o início do tratamento (Novas recomendações sobre a técnica da psicanálise I)" (1913). *Edição Standard Brasileira das Obras Psicológicas Completas de Sigmund Freud*. Trad. sob a direção de Jayme Salomão. Rio de Janeiro: Imago, 1969, v. XII, p.163-87.

FUKUYAMA, Francis. *A grande ruptura: a natureza humana e a reconstituição da ordem social*. Rio de Janeiro: Rocco, 2000, 344p.

GAY, Peter. *Freud: Uma vida para o nosso tempo*. Trad. Denise Bottman. São Paulo: Companhia das Letras, 1989, 719p.

GLADWELL, Malcolm. *The tipping point: How little things can make a big difference*. Boston: Little, Brown and Company, 2000, 279p.

GOODE, Erica. "Dr. Stephen A. Mitchell, a theorist in psychoanalysis, dies at 54". *New York Times*, New York, 3 dez. 2000. Disponível em: http://www.nytimes.com/2000/12/23/national/23MITC. html?ex=1129089600&en=ca0030e4543b38ee&ei=5070. Acessado em: 04/03/2010.

HART, H. *The concept of law*. Oxford: Clarendon Press, 1961.

JOBIM, Antonio Carlos & MENDONÇA, Newton. *Samba de uma nota só*, 1959. Disponível em: letras.terra.com.br/tom-jobim /49064/+jobim+samba+de+uma+nota+s%C3%B3&hl=pt-BR&ie=UTF-8. Acessado em: 04/03/2010.

JONAS, Hans. *O princípio responsabilidade: Ensaio de uma ética para a civilização tecnológica*. Trad. Marijane Lisboa e Luiz Barros Montez. Rio de Janeiro: Contraponto, 2006, 353p.

KARDINER, Abram. *Mon analyse avec Freud*. Paris: Belfond, 1978.

KELSEN, Hans. *Teoria pura do Direito*. 6ª ed. São Paulo: Martins Fontes, 1998, 427p.

KOYRÉ, Alexandre. *Estudos de história do pensamento científico*. 2.ed., Rio de Janeiro: Forense Universitária, 1991.

KOYRÉ, Alexandre. *Do mundo fechado ao universo infinito*. Trad. Jorge Pieres. Lisboa: Gradiva, 1961, 269p.

KRIPKE, Saul Aaron. Disponível em: http://fr.wikipedia.org/wiki/Saul_Aaron_Kripke. Acessado em: 12/06/2010.

LACAN, Jacques. *O Seminário*. Livro 18: De um discurso que não fosse semblante (1971). Texto estabelecido por Jacques-Alain Miller. Versão final da tradução: Nora Pessoa Gonçalves. Rio de Janeiro: Jorge Zahar, 2009, 174p.

_____. *O Seminário*. Livro 16: De um Outro ao outro (1968-69). Texto estabelecido por Jacques-Alain Miller. Versão final da tradução: Angelina Harari e Jésus Santiago. Rio de Janeiro: Jorge Zahar, 2008, 412p.

_____. *O Seminário*. Livro 23: O sinthoma (1975-76). Texto estabelecido por Jacques-Alain Miller. Tradução: Sérgio Laia. Rio de Janeiro: Jorge Zahar, 2007, 249p.

_____. *Le Séminaire*. Livre XXIII: Le sinthome (1975-76). Texte établi par Jacques- Alain Miller. Paris: Seuil, 2005, 252p.

_____. *O Seminário*. Livro 10: A angústia (1962-63). Texto estabelecido por Jacques-Alain Miller. Versão final da tradução: Angelina Harari. Rio de Janeiro: Jorge Zahar, 2005, 366p.

_____. Televisão (1973). *Outros Escritos*. Tradução brasileira: Vera Ribeiro. Rio de Janeiro: Jorge Zahar, 2003, p. 508-43.

_____. Lituraterra (1971). *Outros Escritos*. Tradução brasileira: Vera Ribeiro. Rio de Janeiro: Jorge Zahar, 2003, p. 15-25.

_____. "Os complexos familiares na formação do indivíduo" (1938). *Outros Escritos*. Trad. Vera Ribeiro. Rio de Janeiro: Jorge Zahar, 2003, p. 29-90.

LACAN, Jacques. *O Seminário*. Livro 5: As formações do inconsciente (1957-58). Texto estabelecido por Jacques-Alain Miller. Versão final da tradução: Marcus André Vieira. Rio de Janeiro: Jorge Zahar, 1999, 531p.

_____. "A ciência e a verdade" (1966a). *Escritos*. Versão brasileira: Vera Ribeiro. Rio de Janeiro: Jorge Zahar, 1998, p. 869-92.

_____. "Abertura desta Coletânea" (1966b). *Escritos*. Versão brasileira: Vera Ribeiro. Rio de Janeiro: Jorge Zahar, 1998, p. 9-11.

_____. "Subversão do sujeito e dialética do desejo no inconsciente freudiano" (1960). *Escritos*. Versão brasileira: Vera Ribeiro. Rio de Janeiro: Jorge Zahar, 1998, p. 807-42.

_____. "A direção do tratamento e os princípios de seu poder" (1958a). *Escritos*. Versão brasileira: Vera Ribeiro. Rio de Janeiro: Jorge Zahar, 1998, p. 591-652.

_____. "De uma questão preliminar a todo tratamento possível da psicose" (1958b). *Escritos*. Versão brasileira: Vera Ribeiro. Rio de Janeiro: Jorge Zahar Editor, 1998.

_____. "A instância da letra no inconsciente ou a razão desde Freud" (1957). *Escritos*. Versão brasileira: Vera Ribeiro. Rio de Janeiro: Jorge Zahar, 1998, p. 496-533.

_____. "O seminário sobre 'A carta roubada'". (1956). *Escritos*. Versão brasileira: Vera Ribeiro. Rio de Janeiro: Jorge Zahar, 1998, p. 13-66.

_____. "Função e campo da fala e da linguagem em psicanálise" (1953). *Escritos*. Versão brasileira: Vera Ribeiro. Rio de Janeiro: Jorge Zahar, 1998, p. 238-324.

_____. "O tempo lógico e a asserção de certeza antecipada". (1945). *Escritos*. Versão brasileira: Vera Ribeiro. Rio de Janeiro: Jorge Zahar, 1998, p. 197-213.

_____. *O Seminário*. Livro 7: A ética da psicanálise (1959-60). Texto estabelecido por Jacques-Alain Miller. Versão brasileira: Antônio Quinet. Rio de Janeiro: Jorge Zahar, 1988, 396p.

_____. *O Seminário*. Livro 17: O avesso da psicanálise (1969-70). Texto estabelecido por Jacques-Alain Miller. Versão brasileira: Ari Roitman. Rio de Janeiro: Jorge Zahar, 1992.

LACAN, Jacques. "Conferencia en Genebra sobre el sintoma" (1975). *Intervenciones y Textos 2*. Buenos Aires: Manantial, 1988. p. 115-44.

_____. "La tercera" (1974). *Intervenciones y Textos 2*. Buenos Aires: Manantial, 1988. p. 73-108.

_____. *O Seminário*. Livro 1: Os escritos técnicos de Freud (1953--54). 3.ed. Texto estabelecido por Jacques-Alain Miller. Versão brasileira: Betty Milan. Rio de Janeiro: Jorge Zahar, 1986, 336p.

_____. *O Seminário*. Livro 20: Mais, ainda (1972-73). 2.ed. Texto estabelecido por Jacques-Alain Miller. Versão brasileira: M. D. Magno. Rio de Janeiro: Jorge Zahar, 1985a, 201p.

_____. *O Seminário*. Livro 11: Os quatro conceitos fundamentais da psicanálise (1964). 2.ed. Texto estabelecido por Jacques--Alain Miller. Versão brasileira: M. D. Magno. Rio de Janeiro: Jorge Zahar, 1985b, 269p.

_____. *O Seminário*. Livro 3: As psicoses (1955-56). 2.ed. Texto estabelecido por Jacques-Alain Miller. Versão brasileira: Aluísio Menezes. Rio de Janeiro: Jorge Zahar Editor, 1985c.

_____. *O Seminário*. Livre 24: L'insu que sait de l'une-bévue s'aile à mourre (1976/77). Mimeografado.

_____. Conférences et entretiens dans des universités nord-améri-caines, Massachusetts Institute of Technology, 2 dez. 1975, *Scilicet*, Paris, n. 6/7, p. 53-63, 1976a.

_____. Conférences et entretiens dans des universités nord-amé-ricaines, Yale University, Kanser Seminar, 24 nov. 1975, *Scilicet*, Paris, n.6/7, p. 7-36, 1976b.

_____. *O Seminário*. Livre XXII: RSI (1974-75). Éditions de L'Association Freudienne Internationale, lições dos dias 10/12/1974, 14/01/1975, 11/02/1975, 18/02/1975 e 11/03/1975.

_____. "L'étourdit". *Scilicet*, Paris, n. 4, p. 5-52, 1973 [1972].

_____. "Du discours psychanalytique – Conférence à l'Université de Milan" (1972). *Éditions La Salamandra*. Disponível em: http://pagesperso-orange.fr/espace.freud/topos/psycha/psy-sem/italie.htm. Acessado em: 04/06/2010.

_____. *O Seminário*. Livre XII: Problemas cruciais para a psicaná-lise (1965). Mimeografado.

LAURENT, Éric. "De Tel Aviv à Rome, entre ombres et lumières". *Quarto:* Revue de psychanalyse – École de la Cause freudienne – ACF en Belgique, n. 87, p. 19-24, 2006. Trad. Tania Coelho dos Santos e Kátia Dannenberg. Disponível em: www.nucleosephora.com/asephallus/numero_03/tradução.htm. Acessado em: 15/05/2010.

LAURENT, Éric et al. "Les présentations de malades: bon usage et faux problèmes". *Analytica,* Paris: Navarin, 1984.

LEIRIS, Michel. "... Reusement!". *Biffure.* Paris: Gallimard, 1948/1975, p. 9-12. "Indabem". Tradução de Alain Mouzat. Disponível em: http://www.jorgeforbes.com.br/br/contents.asp?s=61&i=64. Acesso em: 4/06/2010.

LIPOVETSKY, Gilles. *Metamorfoses da cultura liberal: ética, mídia e empresa.* Trad. Juremir Machado da Silva. Porto Alegre: Sulina, 2004.

MILLER, Jacques-Alain. *La experiência de lo real en la cura psicoanalítica.* Buenos Aires: Paidós, 2008. Texto estabelecido por Graciela Brodsky.

_____. "Nosso sujeito suposto saber". *Opção Lacaniana:* Revista Brasileira Internacional de Psicanálise, n. 47, p. 11-14, 2006.

_____. "Pièces détachées". *La Cause freudienne:* Nouvelle Revue de psychanalyse, n. 60, Navarin Éditeur, juin 2005. Este texto refere-se à aula de 24 nov. 2004, Séminaire Orientation lacanienne III, 7: Pièces Détachées.

_____. *Cours Orientation lacanienne III, 8:* Illuminations profanes. Paris, 2005-06. Mimeografado.

_____. *Cours Orientation lacanienne III, 7:* Pièces détachées (2004--05). Mimeografado.

_____. "Combien de charlatans?" Entrevista concedida a Catherine Golliau, *Le Point,* Paris, n. 1639, p. 51, 12 fev. 2004.

MILLER, Jacques-Alain et al. *La psicosis ordinaria.* Buenos Aires: Paidós, 2003.

MILLER, Jacques-Alain. *Cours Orientation lacanienne:* Le lieu et le lien. Paris, 2000-01. Mimeografado.

_____. *Cours Orientation lacanienne:* Les us du laps. Paris, 1999--2000. Mimeografado.

MILLER, Jacques-Alain et al. *Los inclassificables de la clínica psicoanalítica*. Buenos Aires: Paidós, 1999. 430p. Títulos originais que incluem este volume: Le Conciliabule d'Angers (Effects de surprise dans les psychoses). La Conversation d'Arcachon (Cas rares: Les inclassables de la clinique).

MILLER, Jacques-Alain. *Cours Orientation lacanienne:* L'experience du réel dans la cure analytique. Paris, 1998-99. Mimeografado.

_____. *Relatório para a Assembléia Geral da Associação Mundial de Psicanálise.* Barcelona, 23 jul. 1998. Disponível em: http://lemessager.online.fr/Histoire/AG98.htm#Jacques--Alain%20Miller. Acessado em: 14/04/2010.

MILLER, Jacques-Alain & Laurent, Éric. "L'Autre qui n'existe pas et ses comités d'étique". *La Cause freudienne:* Révue de psychanalyse, Paris, n. 35, p. 7-20, févr. 1997.

MILLER, Jacques-Alain. "Le monologue de l'apparole." *La Cause freudienne:* Révue de psychanalyse, Paris, n. 34, p. 7-18, 1996.

MILNER, Jean-Claude. *L'Oeuvre claire: Lacan, la science, la philosophie.* Paris: Seuil, 1995.

MITCHELL, Stephen. "The analyst's knowledge and authority". In: *Influence and autonomy in Psychoanalysis.* Mahwah: The Analytic Press, 1997, p. 203-30.

MONTALCINI, Rita Levi. "The nerve growth factor: thirty-five years later". *The EMBO Journal,* v. 6, n. 5, p. 1145-54, 1987.

NEILL, Alexander Sutherland. *Liberdade sem medo.* 7. ed. São Paulo: Ibrasa, 1968.

POMPÉIA, Raul. *O Atheneu (chronica de saudades).* Rio de Janeiro: Gazeta de Notícias, 1888.

REALE JR., Miguel. *Instituições de direito penal.* v. 1, 2.ed. Rio de Janeiro: Forense, 2004.

REY, Pierre. *Uma temporada com Lacan.* Rio de Janeiro: Rocco, 1990.

RIBEIRO, Renato Janine. "Da responsabilidade na psicanálise". *Dora:* Psicanálise e Cultura, São Paulo, n. 2, p. 13-6, 1999.

ROBERT, P. *Le Petit Robert 1:* Dicionnaire alphabétique et analogique de la langue française. Rédation dirigée par A. Rey et J. Rey – Debove, 2.ed. Montréal: Dictionnaires Le Robert, 1989.

SAUSSURE, Ferdinand de. *Curso de lingüística geral.* São Paulo: Cultrix, 1977.

SEGAL, Hanna. *Introdução à obra de Melanie Klein.* Rio de Janeiro: Imago, 1975.

SONENREICH, Carol. "Notas sobre leituras psiquiátricas". In: RAMADAM, Z.; ASSUMPÇÃO Jr., F. B. (Orgs.). *Psiquiatria, da magia à evidência.* Barueri: Manole, 2005.

TOFFLER, Alvin. *A terceira onda.* 29.ed. Rio de Janeiro: Record, 2007.

VELOSO, Caetano. *Meu bem, meu mal.* Disponível em: http://letras. terra.terra.com.br/letras/44748/.

VENTER, Craig. "Maioria dos cientistas estuda o que já se sabe". Entrevista concedida a Herton Escobar. *O Estado de S. Paulo,* São Paulo, 13/04/2008, A34, Vida &.

WEILL, Didier & SAFOUAN, M. "Lacan. L'étonnant". In: *Travailler avec Lacan.* Paris: Flammarion, 2007.

WELCH, J. *Mes conseils pour réussir.* Village Mondial, 2005.

ÍNDICE ONOMÁSTICO

ABBAGNANO, Nicola 17
ABRAHAM, Karl 41, 42, 52, 53, 54, 56
ADLER, Alfred 9
AGAMBEN, Giorgio 11, 88, 89, 91, 119, 120
ALLOUCH, Jean 161
ALVES, Ataulfo 123, 124, 126
AMADO, Jorge 117
ANDRADE, Mário de 78
ARISTÓTELES 16, 17, 18, 21, 23, 39
BLEULER, Eugene 75
BRANSON, Richard 129
BROUSSE, Marie-Hélène 75, 77
CAEIRO, Alberto XXXVII
CASTANET, Hervé 76

CHICO, Buarque de Holanda 87, 117
CIACCIA, Antonio di 110
COELHO DOS SANTOS, Tania VII, XIII, XXIII, XXXIX, 32, 46
COTTET, Serge 101
DA COSTA, Newton 80, 81
DAMÁSIO, António 4
DEFFIEUX, Jean-Pierre 77, 86, 87
DE MASI, Domenico 127
DESCARTES, René XIX
DIDIER-WEILL, Alain 91, 92
DUMAS, Alexandre 162
ELLIS, Havelock 143
ELLISON, Lawrence J. 129

FENICHEL, Otto 41, 42, 143
FERENCZI, Sándor 15
FERRAZ Jr., Tercio Sampaio 68, 129, 132, 139, 147, 151
FERRY, Luc 119, 120
FLECHSIG, Paul 60
FLEMING, Alexandre 116
FLIESS, Wilhelm 2, 80
FORBES, Jorge 7, 13, 30, 54, 68, 72, 74, 80, 81, 82, 88, 114, 122, 132, 135, 136, 138, 140, 151, 159, 162, 166
FOUCAULT, Michel XVII, XVIII
FREI BETTO, 127
FREUD, Sigmund IX, XIII, XIV, XIX, XXI, XXIII, XXIV, XXV, XXXI, XXXIII, 1, 2, 3, 4, 5, 6, 7, 8, 9, 10, 11, 12, 13, 14, 15, 16, 19, 29, 30, 35, 36, 37, 38, 39, 40, 41, 43, 44, 51, 57, 58, 60, 63, 65, 66, 67, 68, 70, 71, 74, 75, 78, 80, 81, 102, 111, 118, 121, 122, 131, 136, 138, 141, 146, 148, 149, 150, 152, 158, 159, 160, 165, 167
FUKUYAMA, Francis 33, 34, 37
GATES, Bill XXI
GAY, Peter 9
GIDE, André 165
GLADWELL, Malcolm 30, 31
GREIMAS, Algirdas Julien 63
GROSRICHARD, Alain 72
HART, Herbert 147
HOBBES, Thomas 27
JAGGER, Mick 138

JANINE RIBEIRO, Renato 162
JOBIM, Antonio Carlos 78
JOBIM, Tom 78
JOBS, Steve 129
JONAS, Hans 105, 120
JUNG, Carl Gustav 8, 9
KAFKA, Franz 11, 91
KANT, Immanuel 27, 90
KARDINER, Abram 57
KELSEN, Hans 67, 152, 158
KLEIN, Melanie 41, 54, 56, 57
KOJÈVE, Alexander XV, 28, 29
KOYRÉ, Alexandre XV, XVI, 28
KRAFFT-EBING, Richard von 143
KRIPKE, Saul Aaron XXXIV
LACADÉE, Philippe 110
LACAN, Jacques XI, XII, XIII, XIV, XV, XVII, XVIII, XIX, XX, XXII, XXIII, XXV, XXVI, XXVIII, XXIX, XXX, XXXI, XXXII, XXXIII, XXXV, XXXVI, XXXVIII, XXXIX, 2, 3, 5, 6, 14, 16, 18, 19, 20, 21, 23, 28, 29, 30, 31, 32, 34, 35, 36, 37, 38, 39, 40, 41, 43, 44, 45, 46, 47, 50, 51, 52, 54, 55, 56, 58, 59, 60, 61, 62, 63, 65, 66, 67, 68, 69, 70, 71, 72, 74, 75, 79, 80, 83, 86, 87, 88, 91, 92, 93, 94, 96, 97, 101, 110, 111, 117, 121, 122, 126, 127, 129, 130, 135, 137, 138, 141, 143, 144, 145, 146, 149, 150, 153, 154, 155, 158, 159, 160, 161, 163, 164, 165, 166, 167

LAGO, Mário 123
LAURENT, Éric XXX, XXXIII, 72, 95, 164
LEIRIS, Michel 88, 89
LÉVI-STRAUSS, Claude XI, 14, 76
LIPOVETSKY, Gilles 25, 27, 28, 29, 35, 134, 135
LOCKE, John 27
LULA DA SILVA, Luiz Inácio 140
MARX, Karl XVII, 28
McCARTNEY, Paul 138
MENDONÇA, Newton 78
MILLER, Jacques-Alain XXVIII, XXIX, XXX, 7, 21, 22, 51, 55, 70, 71, 72, 73, 74, 75, 76, 77, 87, 106, 107, 109, 111, 138, 144, 164
MILNER, Jean-Claude XVI, 28, 29
MITCHELL, Stephen 5
MONTALCINI, Rita Levi 108
MOUZAT, Alain 88
NASCIMENTO, Milton 87

NEILL, Alexander Sutherland 114
PASCAL, Blaise XVII, XVIII
POMPEI, Ron 130
POMPÉIA, Raul 124
PROTARCO 17
QUINE, Willard 14
REALE Jr, Miguel 68, 132, 149, 151
REY, Pierre 155
ROUSSEAU, Jean-Jacques 27
SAUSSURE, Ferdinand de XI, XXXVII
SCHREBER, Daniel Paul 60
SEGAL, Hanna 4
SONENREICH, Carol 50, 51
STEVENS, Alexandre 110
TOFFLER, Alvin 25, 26, 27, 30, 35
VELOSO, Caetano 125, 126
VENTER, Craig 104, 105
VOLTAIRE 27
WELCH, Jack 129
ZATZ, Mayana 105, 106, 109, 110, 112

ÍNDICE REMISSIVO

A

"Abertura" – *Escritos* – Lacan 56
Abertura desta Coletânea 176
acaso IX, XX, XXXVI, 6, 16, 17,
  18, 19, 20, 21, 89, 90, 93,
  98, 118, 120, 121, 142,
  144, 149, 155, 162
acontecimento
  imprevisto 7
  traumático 1
acting out 145
adaptação 92, 131
adição(ões) XXVII, 42
adolescentes 30, 110, 135, 137
afecções psicossomáticas 137
agente
  da castração XXII, XXV,
    XXXIII, 44

da enunciação XXV
Ágora eletrônica 116
agressões inusitadas XXIX,
  XXXVIII, 115
além do pai XXI, XXIII, XXIV,
  XXXVIII
Alfredo Volpi 117
aloplástico 15
Amélia 123, 124, 126
amor XXXIX, 42, 44, 53, 55, 119,
  127
  genital XIII
  objetal 42
análise
  das defesas 59
  de prova 74, 75
analista XIII, XXVI, XXIX,
    XXXV, XXXVI, XXXIX,

1, 5, 9, 19, 41, 50, 54, 55,
56, 57, 58, 59, 60, 61, 62,
63, 64, 66, 68, 69, 71, 72,
75, 80, 82, 85, 94, 121, 137,
145, 150, 160, 164, 165
  do futuro 30
angústia XXXI, XXXVI, 13, 23, 45,
55, 96, 99, 101, 114, 134
  da castração 13
anorexia XXIX
Antígona 151
antropologia estrutural XI
aprender a desaprender XXXVII
apresentação
  de pacientes 73, 93, 94
  psicanalítica 94
  psiquiátrica 94
Aramis 162
arbitrariedade do signo linguístico
XXXVII
arcaísmo 63, 64, 65
Aristarco 124
aristocrata 165
Arlequinal 79
arquétipo 9
ataxia espinocerebelar 109
Athos 162
ato
  falho 150
  falho-de-saber 149
automaton 16, 17, 18, 19, 21, 22,
23, 72
autoplástico 15

B
banda de Moebius 70
bonus pater familias 148, 149
brouillard 76, 77

bulimia XXIX

C
cadeia significante XXIV, 68, 69,
102, 161
cálculo coletivo 129, 130
campo
  freudiano XXVIII, 3, 72, 85, 86
  109
  simbólico XXXII
capitalismo XVIII, XXVI
  globalizado XXVI
cartéis 127
caso clínico 81, 93, 158
castidade 29
causa sui 45
certeza pessoal 130
chiste 63
Cidadão Kane 89
ciência XV, XVI, XIX, XX, XXVI,
XXVII, 4, 6, 11, 12, 14, 28,
29, 32, 34, 36, 105, 151,
157, 166
  das localizações cerebrais 106
civilização XXXII, XXXIV, 7, 8,
9, 37, 38, 39, 41, 44, 56,
65, 78
classificações estruturais XXX
clínica VII, IX, X, XI, XII, XIV,
XXVIII, XXIX, XXX,
XXXIV, XXXVI, XXXVIII,
4, 7, 8, 9, 10, 12, 16, 20, 21,
23, 37, 41, 42, 47, 50, 51,
52, 53, 54, 55, 56, 58, 59,
60, 61, 63, 66, 67, 68, 69,
70, 71, 72, 73, 74, 75, 76,
77, 79, 80, 82, 86, 91, 93,
94, 101, 102, 103, 105, 107,

186

110, 111, 113, 122, 129, 135, 136, 143, 144, 145, 146, 148, 158, 160, 161
categorial e descontinuísta 76
contemporânea XXXI
contratransferencial IX, 56, 57
estrutural clássica XXVIII
estruturalista 76
freudiana 8, 9, 15, 16, 77
médica 94
código
   genético 104, 108
   linguístico XXXII
compaixão 106, 107
complexo
   de castração XIX, XXIV, 53
   de Édipo IX, XIII, XIX, XXI, XXII, XXIII, XXIV, XXV, XXX, 35, 37, 39, 40, 41, 44, 73, 144
compromisso neurótico 36, 40
compulsões XXVII
concepção genérica do ser humano 128
conclusão precipitada 13
conflito 8, 10, 13, 26, 27, 152
consciência XII, 7, 8, 17, 22, 78, 88, 90, 119, 120, 123, 151
   ética 151
consciente 2, 4, 21, 77
consumidor XXVI, 128, 130, 132
contágio 31
contemporaneidade XXVI, 32, 43, 136
contratransferência 54, 57, 59
conversação 51
Conversação de Arcachon 75

conversações XXVIII, XXX
corpo XII, XVII, XVIII, XIX, XXVIII, 22, 23, 70, 71, 74, 75, 82, 93, 98, 99, 110, 112, 128, 137, 158, 161
corporações 130, 132
corte
   epistemológico XV
   lacaniano 13
   na cadeia significante 68
cosmológico XV
culpa XII, 54, 139, 146, 150, 154, 155, 164
culpabilidade XI
cura da memória 1
curativo psicanalítico 102
curto-circuito
   da palavra 82, 137
   do gozo XXIX

D

"de-lira" 65
da impotência à potência XXXVI, 130, 131
das Ding XII
D'Artagnan 162, 163
decisão XXXVI, 5, 30, 36, 130, 131
declínio da função paterna 6
delinquência 137
delírio 2, 3
depressão XXIX, 96
desabonado do inconsciente X, 141, 154, 155
desabonar o sujeito do inconsciente 101
desautorizar o sofrimento 107, 112

desbastamento das identificações 63
desbussolamento da globalização 164
descontinuidade no real 68
desejo XII, XVII, XXII, XXV, XXVI, XXVII, 11, 14, 15, 16, 19, 20, 21, 22, 23, 29, 36, 39, 40, 43, 44, 45, 47, 54, 56, 64, 66, 69, 71, 78, 85, 86, 111, 117, 122, 128, 145, 159, 162, 164
  da mãe XXII, XXXI
  de um pênis 11
  do analista 145
  incestuoso XII
  inconsciente XII, XVI, XVIII, XXXI, 22
desenvolvimento da libido 53
deslizamento metonímico XXVIII
determinismo 3
devastação XXXVIII
diagnóstico XXVIII, 50, 52, 58, 72, 96, 99, 100, 101, 106, 112, 133
diferença
  anatômica entre os sexos XXXIII
  sexual XVIII, XIX, XXVII, 43
dimensão histórica XV
direito X, XVI, XVIII, XXXII, 18, 28, 29, 38, 39, 44, 67, 68, 113, 122, 139, 146, 147, 148, 149, 150, 151, 152, 153, 154, 158
  natural XVI
  positivo 152

discurso XII, XV, XX, XXII, XXIV, XXV, XXVI, XXVIII, XXIX, 18, 22, 32, 38, 40, 42, 43, 46, 61, 62, 63, 64, 65, 68, 77, 109, 111, 121, 144, 159
  da histérica XXVI, 62
  da universidade XXVI
  do analista XXVI, 62
  do capitalismo XXVI
  do mestre XXVI, 111
  psicanalítico XIII, XX, 38
distrofia
  do tipo cinturas 111
  miotônica de Steinert 109
  muscular de Duchenne 109
  muscular fascioescapuloumeral 109
divisão subjetiva XXXIV, 144
dolo 139, 146, 150, 154
Dora X, XIV, 162
drogas 115
DSM-IV XXVIII

E

educação XXXVII, 90, 108, 120, 122, 139
efeitos
  de verdade XXXV
  terapêuticos rápidos 83, 86
  transferenciais do inconsciente XXVII
ego XXI, 4, 5, 10, 11, 21, 22, 37, 41, 57, 58, 59, 68, 75, 142, 149, 160
empirismo científico 4

empresa X, XIV, XXXVI,
XXXVII, 103, 114, 128,
129, 130, 131, 139, 159
emprestar
consequência 160
sentido 160
encontro XXXVI, 6, 16, 17, 18, 19,
21, 23, 79, 82, 83, 85, 87,
90, 94, 99, 101, 102, 105,
106, 107, 116, 120, 139
com o real 62, 87
contingente XXVIII
faltoso 20
enigma 11, 12
entrevistas preliminares 75, 110
enunciação XXV, 150
enunciado XXVI, 150
enxame de significantes XXIX
épater XXXIII
epidemia 31
de depressão XXIX
epigenética 108
epilepsia 96
equivalência simbólica 102
equívoco 72, 74
era
da informação 136
industrial XVII, XVIII, 136
escola(s) XIV, XXXVI, 81, 92, 103,
107, 114, 115, 122, 123,
124, 125, 126, 127, 128,
133, 137
autoritária X, 122, 123
de psicanálise XXXVII
Escola
Ataulfo Alves 123, 124
Caetano Veloso 125
Lacan 126, 127

Moderna 125
Escritos 6, 56
esportes radicais XXXVIII, 135,
136, 137
esquizofrenia 42, 75, 96
Estado burocrático 151
estado(s)
de desenvolvimento do amor
objetal 53
de organização libidinal 53
estilo XII, 56, 59, 108, 109, 116
estranho 8, 9, 12, 19, 55, 63,
70, 102, 107, 142, 144, 146,
155, 160, 163, 166, 167
estrutura XIV, XV, XVIII, XX,
XXII, XXIV, XXV, XXVI,
XXX, XXXIII, 4, 5, 6, 14,
15, 32, 34, 35, 41, 43, 47,
51, 53, 58, 59, 60, 62, 63,
66, 67, 68, 69, 71, 73, 80,
152, 154, 159
estrutura (s)
de linguagem XXVIII
do sintoma XXVIII
clínicas XXVIII, XXXIV, 58
hierárquicas 32
histérica 62
neuróticas 59, 61
ética XIII, XVII, XVIII, XXIV,
XXX, XXXVI, XXXVIII,
27, 86, 94, 95, 100, 117,
119, 120, 141, 143, 144,
145, 151, 155, 158
da moderação XVII
da razão XXXVIII, 29
da responsabilidade XXXVIII
do Bem-dizer 144
do desejo 29

médica 100
psicanalítica 100
exceção XXII, XXIII, XXV, XXIX,
  XXXII, XXXIII, XXXIV, 17
excesso XVII, XXXII, 124, 127,
  135, 142, 146, 149
exigência instintual 10, 11
expressão
  dos genes 104, 108
  gênica 105, 108

F
falo XXII, 43, 54, 66
falta XXXIX, 12, 17, 20, 22, 23,
  36, 40, 62, 63, 65, 66, 69,
  70, 71, 89, 101, 112, 116,
  117, 134
falta-a-ser 22, 70, 71
família X, XIV, XXIV, XXXII,
  XXXIII, XXXIV, XXXVI,
  XXXVII, 34, 35, 57, 97,
  103, 106, 107, 109, 110,
  113, 117, 118, 119, 121,
  122, 139, 148
Família e Responsabilidade X,
  113, 118, 122
fantasia XXXI, XXXII, 11, 19, 54,
  57, 66, 67, 128
  de sedução XXXII
  fundamental do neurótico 148
  sexual 2
fantasma XXV, XXVIII, 22, 53,
  66, 70, 71, 73, 82
  edipiano XXV
fase
  anal 54
  moralista laica 27
  oral 54

pós-moralista 29
teológica 27
felicidade X, XXV, 23, 29, 38, 53,
  85, 86, 87, 89, 90, 91, 92,
  119, 120, 134, 166
fenômeno
  de "nevoeiro" 76
  subjetivo 17
ficção 53, 55, 56, 58, 60, 61, 66, 69,
  70, 82, 158
ficções XIV, 69, 158, 159
filho XXV, XXVI, XXXII, XXXIV,
  XXXVII, 41, 45, 81, 96, 97,
  98, 99, 100, 101, 102, 114,
  115, 119, 124, 133
filosofia 10, 14
final de análise X, XXXVIII, 13,
  73, 79, 80, 81, 83, 86
finalidade XIII, 5, 17, 148
fixação 158
fixações edipianas XIV
fixão 82, 158, 159
  da letra 158
Fixierbarkeit 158
forclusão generalizada 76
formações do inconsciente XXVII,
  93
formas patriarcais de família
  XXIV
fracasso escolar XXIX, XXX, 115,
  137
Frank Sinatra 116
função
  do pai XXXI, XXXII, XXXIII,
    43, 44, 45
  paterna XXI, XXXII, 6, 44, 45, 47
  traumática do pai XXXI

furo XXIII, 22, 23, 69, 70, 71
  no real XXXIX, 69
futuro
  invenção do presente 130
  projeção do presente 130

G

genes 104, 108, 109, 118
genoma 104, 118
  humano 105, 108, 109
gesto XIX, XX, 29, 72, 75, 82, 91,
  100
globalização XV, XXIX, XXXI,
  XXXVII, 26, 29, 73, 77, 78,
  79, 103, 105, 114, 129, 134,
  136, 137, 139, 157, 164
gozo XII, XXIII, XXV, XXVI,
  XXVIII, XXIX, 22, 38, 39,
  40, 43, 46, 52, 69, 71, 82, 87,
  89, 101, 110, 135, 136, 137,
  158, 159, 164, 165, 166
  autoerótico XXVII
  desbussolado 135, 137
  do pai XXXIII
  do sentido inconsciente 101
  pulsional XXIX
gozo-a-mais XVII

H

Haftbarkeit 158
hierarquia paterna XXIX
higiene 29, 58
hipertransparência XXXVIII
histérica XXVI, XXXI, 54, 62, 63,
  64, 138
história IX, XVI, XVII, 1, 2, 3, 5,
  8, 14, 16, 20, 25, 26, 27,

29, 44, 49, 52, 81, 100, 101,
  104, 122, 128
homem
  desbussolado IX, XIV, XV,
    XVIII, XXIV, XXVIII,
    XXXV, 23, 25, 114, 115,
    118, 121
  moderno XVII
  traumatizado XIV, XV, XVII,
    XVIII, XXIV, XXV, 23
Homem dos Lobos 19
homeostase subjetivante 20
honra 163, 164
humanismo 119
horizontalidade do laço social da
  globalização XXIX

I

id XXI, 4, 7
ideal XXI, XXII, XXXIII, XXXIV,
  XXXVIII, 22, 31, 44, 45,
  151
  identificatório 43
identidade XVI, XVIII, XXI,
  XXX, XXXIV, 61, 64, 65,
  66, 69, 91, 132, 133, 166
identificação
  ao pai XXII, XXXIX
  ao *sinthoma* XXXVIII, XXXIX,
    73
  projetiva patológica 4
identificações ao ideal 44
ideologias individualistas XX,
  XXIV
ignorantia legis neminem excusat
  160
Iluminismo 27, 44, 90

imaginário 60, 66, 68, 69, 86, 107, 164
imago paterna XXXII
imperativo de gozo XXVI
imperativos de sacrifício e abnegação 29
i-mundo 160
in effigie, in absentia 19
incompletude do real 103
inconsciência XIII, 22
inconsciente IV, IX, X, XII, XIII, XIV, XVI, XVII, XVIII, XX, XXIII, XXIV, XXV, XXVI, XXVII, XXX, XXXI, XXXV, 1, 2, 3, 4, 5, 6, 7, 8, 12, 16, 18, 19, 20, 21, 22, 23, 25, 29, 32, 36, 37, 42, 44, 57, 58, 62, 63, 68, 70, 77, 93, 101, 102, 110, 121, 122, 141, 142, 143, 144, 149, 150, 154, 155, 160, 161, 162, 167
irresponsável XIII
real XXIV, 23
transferencial XXX
Inconsciente e Responsabilidade: um novo amor 7, 13, 162
inconsistência da verdade 13
indivíduo XIII, XXVI, XXVIII, XXXII, 21, 34, 77, 108
indústria psicofarmacológica XXVIII
instâncias psíquicas 4
instintos 6, 34, 35
instituições XXXVII, 110, 131
Instituto do Campo Freudiano XXVIII, 109

interdisciplinaridade XXXVII
interpretação XXIII, XXVII, XXIX, XXXV, 12, 13, 29, 36, 56, 59, 61, 74, 81, 82, 101, 142
invenção XII, XIV, XXXIX, 29, 47, 68, 83, 102, 118, 130, 131, 132, 133, 136, 138, 139
inventar XXXIX, 65, 117, 136, 167
irresponsabilidade XXXV, 3, 158

J

Joyce 101
jusnaturalistas 27

L

laço social XIV, XVIII, XXI, XXII, XXVII, XXIX, XXXVI, XXXVIII, 6, 25, 31, 32, 43, 45, 56, 74, 103, 105, 106, 113, 131, 135, 140
na pós-modernidade 116
laços horizontalizados XXXI
lalangue 138
lalíngua XXIX
l'apparole 138
lapsos XXVII, 63
lei XVI, XXII, XXXII, XXXIII, 38, 39, 40, 42, 45, 131, 147, 148, 152
do desejo XXII, 40, 43
do pai XXII, 148
paterna 39
letra X, XXVI, 6, 29, 36, 60, 116, 123, 125, 137, 150, 154, 155, 158, 159, 166
liberdade XXXVI, 7, 51, 78, 125, 139, 147, 149, 151
humana 17

libido 41, 53, 158

linguagem XXIII, XXVIII, XXX, XXXII, 6, 18, 19, 38, 39, 42, 44, 50, 58, 60, 63, 67, 69, 74, 77, 87, 89, 131, 145, 154

linguística XVIII, 14, 36, 37, 81

lógica epistêmica XXVIII

luxo XXXVIII, 123, 132, 163, 164

M

mãe XXII, XXIII, XXV, XXVI, XXXI, XXXII, XXXVII, XXXIX, 37, 41, 88, 114, 126

magia 11, 89, 90, 91, 119, 120

mais-de-gozar XVII, 40

mais forte que eu 165

mais-valia XVII

Maktoub 104, 113

mania 96

mecanismos de defesa 57

medicalização da felicidade 134

medicina X, 50, 103, 104, 108, 113, 114, 122, 133, 139

baseada em evidências 50, 51

memória IX, 1, 3, 16, 133

mercadoria XVI, XVII, XVIII, XXVI, 32, 44

metáfora XVII, XXVII, XXIX, 65, 66, 68

do desejo da mãe XXXI

paterna XXII, XXIII

metapsicologia freudiana 4

mito

do pai XXV

edípico XXVI

universal XXV

modalidades de gozo XXVII

modernidade XV, XVII, XVIII, 28, 32, 116, 128, 132, 151, 152

monólogos articulados XXXVIII, 116, 130, 138

moral XXX, 22, 27, 28, 29, 30, 51, 85, 87, 117, 141, 142, 146, 147, 148, 149, 150, 151, 153, 154, 155, 158, 159

cristã 28

das luzes 27

individual 29

natural 27

racional 27

moralidade XI, 27, 28, 33, 134, 150

iluminista 28

morte XXXVIII, 99, 137, 163, 164

natural 164

pela honra 164

mudança de paradigma XI, 136

mundo

antigo XV, XVI, XVIII, XIX, 28, 29

finito XV

moderno XXIX

padronizado 114

música eletrônica 74, 78, 116, 135, 136, 137, 138

N

não saber XXXV, 11, 14, 61, 62, 144

neologismo 63, 64, 65

neurose IX, XIV, XXIX, XXX, 2, 8, 15, 40, 42, 47, 60, 61, 66, 71, 74, 75, 76, 164
   histérica XXXI
neurótico XXI, 36, 60, 61, 64, 65, 75, 86, 87, 110, 148, 164, 165
neurotransmissores 4, 108, 109
nó borromeano 69
Nome-do-Pai XIV, XX, XXII, XXXI, XXXII, XXXIV, XXXV, 29, 42, 43, 46, 47, 76, 77, 78, 79, 159
Nomes-do-Pai 45, 46
normalidade XIII, 15, 40, 42, 53, 54, 65
normalidade psicanalítica 15, 65
núcleo de verdade 3

O

objeto a XXVI, XXVIII, XXIX, XXX, 44, 45, 110, 127
objeto(s)
   da ciência XVI
   da pulsão XXVIII
   do desejo XII, XXV, 69
   incestuoso XII, XXIII
   pulsional XXVI
   sem qualidades XVI
   internos 4, 5
O mal-estar na civilização - Freud 8, 38
ondas de transformações sociais 26
ontologia 4, 111
opacidade sexual 144
ordem
   antropocêntrica XVI

   horizontal 130
   paterna 22, 137
   patriarcal 44
   vertical 129, 130
organização
   libidinal 42, 53
   vertical das identificações 136
orientação
   em direção ao real XXX
   lacaniana XV, XXX, 7, 21, 30, 51, 105, 113, 143, 164
   paterna 130
Orson Welles 89
osso do sintoma XXX
outra cena 63, 70, 75
Outro 87, 111, 129, 131, 132, 136, 137, 145, 164

P

pai XIV, XV, XX, XXI, XXII, XXIII, XXIV, XXV, XXVI, XXX, XXXI, XXXII, XXXIII, XXXIV, XXXV, XXXVII, XXXVIII, XXXIX, 2, 29, 31, 37, 41, 42, 43, 44, 45, 46, 47, 58, 76, 77, 78, 80, 89, 90, 92, 108, 114, 115, 117, 119, 121, 123, 129, 132, 133, 134, 136, 148, 159, 162
   edípico IX, 44
pai-versão IX, XXXIII, 44, 47
palavra-ato 135
pânico 96
panser 97
paranoia XX, 42, 96
parcimônia 29

parlêtre 22, 23, 70, 71, 77, 78, 79,
    82, 83, 154, 155, 158, 161,
    166
particularidade XXVIII, XXXIII,
    164
passe XIX, 62, 73, 102, 147, 150
Pater Familias XXXIII, 148, 149
penser 97
père-version XXXIII
perversão IX, XXIX, XXX, 2, 40,
    47, 66, 71, 75, 96, 115
phallus 45, 46
política XIV, XXXVI, 103, 139
ponto de capitonê 76, 77, 78, 101
Porthos 162
pós-freudianos 44, 141
práxis psicanalítica 49
prazer XVII, XVIII, 10, 18, 20
Primeira Clínica de Lacan XXX,
    52, 66
primum vivere 164
princípio
    da realidade 20
    do prazer 10, 18, 20
    responsabilidade IX, 1, 105, 120
processo primário 11, 20
protesto masculino 11
provocações psicanalíticas IX, XI,
    103
psicanálise
    além de sua clínica X, 103
    de orientação lacaniana 113
    entre vários 110
psicanalistas annafreudianos 57
psicologia do ego 75
psicopatologia IX, XXI, XXX,
    XXXIV, 41, 46, 49, 50, 51,
    52, 56, 70, 71

da vida cotidiana XXVII
psicose IX, XX, XXIX, XXX, 15,
    19, 40, 47, 60, 65, 66, 71,
    75, 76, 77, 86, 101
psicótico XXI, 41, 49, 54, 60, 61,
    65, 66, 77, 110
psiquiatria contemporânea
    XXVIII
pulsão XXIII, XXIV, XXVII,
    XXVIII, XXIX, XXXVIII,
    21, 22, 23, 71
pulsões XXV, XXVII

Q

quatro discursos XXV, XXVI
quebra dos ideais 136
queda do ideal 32
queixa XIV, 117, 123, 165

R

razão
    asséptica 130, 132
    sensível 130, 132
real XIV, XV, XXI, XXII, XXIV,
    XXV, XXVI, XXVIII,
    XXX, XXXI, XXXII,
    XXXIII, XXXV, XXXVIII,
    XXXIX, 3, 18, 19, 20, 21,
    23, 32, 43, 47, 54, 55, 62,
    64, 65, 66, 68, 69, 70, 71,
    72, 74, 82, 83, 85, 86, 87,
    88, 90, 91, 103, 111, 113,
    117, 122, 126, 127, 128,
    132, 137, 139, 140, 141,
    149, 151, 158, 159
da ciência XVI
da clínica 94
do gozo sexual 43

pulsional XXV

realidade

  ficcional ou psíquica 2

  psíquica XXXI, 81

realização de desejo 20

recalque XII, XXIII, XXIX, 44, 135

rede significante 21

relação

  analítica 3

  desarmônica entre o homem e o mundo 15

  horizontal XXXV

  sexual XXIII, XXX, XXXIII, 40

relações

  de objeto 4

  entre a psicanálise e a ciência XXVII, 28

rememoração 19

repetição IX, 16, 18, 19, 20, 21, 72, 78, 132, 159

representação XXXIII, 22

repúdio

  da feminilidade 12

  da realidade 15

resíduo XXVII, 44

resignação 106, 107

resistência 11, 59

responsabilidade III, IV, IX, X, XI, XII, XIII, XIV, XXX, XXXIV, XXXVI, XXXVIII, XXXIX, 1, 6, 7, 9, 13, 14, 15, 16, 19, 22, 25, 68, 71, 72, 83, 93, 101, 102, 104, 105, 113, 118, 120, 121, 122, 128, 131, 139, 141, 142, 143, 144, 145, 146, 147, 149, 150, 151, 153, 154, 155, 157, 158, 159, 160, 162, 163

  civil 18

  ética 117

  frente ao acaso 121

  jurídica 6, 7, 16, 150, 153, 155, 157, 160

  pela letra X, 150

  pelo acaso 20, 162

  pelo excesso 146

  pelo inconsciente 6

  pelo não sentido 144

  psicanalítica X, 6, 7, 8, 15, 16, 20, 144, 145, 146

  sexual XXIV, 144

responsabilização psicanalítica 15, 19, 30

responsabilizar XII, XXXVI, 12, 19, 113, 117, 121, 142, 146, 167

ressoar 73, 74, 77, 78, 79, 82, 83, 116, 118, 139, 145

ressonância XXIX, 74, 77, 78, 79, 82, 83, 158

resto XVIII, XXVII

retificação subjetiva 63, 75

revolução industrial 26

Rolling Stones 138

ruptura social 33

S

saber

  de *non-sens* 144

  do psicanalista XXX, XXXI, 95

  fazer com o sintoma 15

  iluminista 44

  incompleto XXXVI

  inconsciente XXXV

psiquiátrico XXX, 95

saúde mental XXVIII

savoir faire 111

secretário do alienado 60, 66

sedução sexual XXXI

Segunda Clínica de Lacan
XXXVIII, 93

segunda tópica 4

semblante 43, 46, 50, 110
fálico 43

semblantes XXIV, XXX, XXXIII,
107

sentido XII, XVI, XVII, XVIII,
XIX, XXII, XXIX, XXXV,
XXXVI, XXXVIII, 8, 9, 12,
18, 31, 44, 45, 50, 72, 75,
81, 82, 88, 89, 91, 101, 111,
116, 118, 119, 131, 135,
136, 142, 144, 145, 147,
150, 154, 157, 158, 160,
161, 165, 166

sentimento de culpa XII

ser IV, XV, XVI, XVII, XVIII,
XIX, XX, XXI, XXII,
XXIII, XXIX, XXX,
XXXIII, XXXIV, XXXVI,
XXXVII, XXXVIII, 1, 2, 3,
8, 10, 11, 12, 13, 14, 17, 18,
19, 20, 21, 22, 28, 29, 31,
32, 33, 34, 35, 37, 38, 39,
40, 41, 45, 47, 50, 51, 52,
56, 58, 61, 62, 63, 64, 65,
67, 69, 70, 74, 75, 76, 77,
78, 79, 80, 82, 83, 86, 87,
89, 90, 91, 94, 96, 99, 100,
101, 104, 105, 109, 112,
113, 114, 116, 119, 120,
121, 123, 125, 126, 127,

128, 130, 131, 132, 133,
135, 136, 137, 139, 143,
147, 151, 152, 153, 154,
158, 162, 163, 165, 166

falante XII, XXIV, XXVI,
XXXIV, 18, 39, 153,
158

humano desnaturalizado IX, 33

setting analítico 58

sexo XXIII, XXXI, XXXIII, 12,
14, 40

sexuação XXIII, XXIV, XXXVIII

sexualidade XIV, XVII, 11, 12, 38,
145, 158
infantil XIV

significação XXIV, 63, 65, 70, 82,
127, 158

significado XXXII, XXXVII, 9,
10, 64, 65, 66, 68, 131, 138,
153, 158

significante XII, XIV, XVIII, XIX,
XXIV, XXVI, XXVIII,
XXIX, XXX, XXXII,
XXXVII, 21, 32, 36, 37, 39,
46, 51, 60, 64, 65, 66, 67,
68, 69, 70, 72, 74, 75, 77,
90, 91, 102, 131, 145, 150,
151, 152, 153, 154, 155,
157, 158, 160, 161

significante novo XXXIX, 91, 155

significante-mestre 109, 163, 165

signo linguístico XI, XXXVII

signos 18, 19

silêncio XXXVII, 100, 122, 126,
127

simbólico XXXII, 66, 68, 69, 86,
113, 116
no real XXXIII

singularidade IX, XII, XXI, XXIX,
7, 8, 9, 10, 12, 13, 14, 15, 23,
56, 66, 70, 73, 83, 131, 165
do sintoma XXXI, 8, 9, 23, 47,
65
sinthoma XXXVIII, XXXIX, 22,
46, 71, 73
sinthome 70, 74, 96, 144, 145, 165,
166
sintoma(s) IX, XIII, XXI, XXIII,
XXIV, XXV, XXVII,
XXVIII, XXIX, XXX,
XXXI, XXXV, XXXVII,
XXXVIII, 2, 7, 8, 9, 15, 16,
22, 23, 37, 44, 47, 62, 64,
65, 70, 71, 77, 86, 87, 101,
102, 115, 133, 134, 135,
136, 137, 143, 144, 150,
158, 161, 165, 166
clássico XXVII
intratável 165
contemporâneos XXVII
sem sentido XXXV
freudianos XXVII
histéricos 53, 74
típicos 165
tratável, decifrável 165
sociedade
de controle 106
de rede 105
globalizada XXIV, 132, 159
ocidental 151
vitoriana 44
Sociedade Psicológica das Quartas-
-Feiras 67
sofrimento
contemporâneo XXXVIII
prêt-à-porter 107

sonho XVII, 20, 36, 63, 104, 128,
134, 142
sonhos XXVII, 9, 141, 142, 146,
162
splitting 4
subjetivação XIII
subjetividade XVII, XXIII
subjetivismo da vontade 151
sujeito XII, XIV, XVI, XVII,
XVIII, XIX, XXI, XXII,
XXVI, XXVII, XXIX, XXX,
XXXII, XXXV, 3, 6, 16, 19,
20, 21, 22, 23, 31, 32, 33, 39,
45, 47, 52, 55, 56, 58, 59, 62,
63, 64, 66, 68, 69, 70, 71, 82,
90, 94, 101, 104, 107, 120,
121, 141, 144, 145, 149, 155,
160, 163, 164
barrado 165
de desejo XXVI
de direito 148
dividido XXVIII
do inconsciente XIII, XVI,
XVII, XVIII, XXIV, XXV,
21, 29, 68, 70, 101, 102,
110, 122, 161
histérico 54, 61, 62, 64
moderno da ciência 29
obsessivo 62, 65
suposto saber XXXV, 106, 107
Summerhill 114
superego XXI, 4, 118
suplência XXIII, XXX
suposição de saber XXXV
suposto saber do psicanalista 95
supremacia
do real 113
do simbólico 113, 116

surpresa XV, 2, 55, 64, 86, 90, 105, 106, 107, 115, 118, 120, 121, 155, 162, 163, 165

symptôme 166

T

"tá ligado?" 116

Tao 137

techno parade XXXVIII, 138

técnica psicanalítica 51

tempo da sessão XXXVI, 13

teorias da verdade 80

The Beatles 138

tipping points IX, 30, 31, 32

tiquê 16, 17, 18, 19, 20, 21, 22, 23, 72, 82

topologia
dos nós XXXIV
moebiana XXXIV

toxicofilias XXIX

toxicomanias 137

trabalho VII, XVI, XVII, XVIII, XXXVII, 5, 7, 10, 15, 29, 35, 56, 57, 64, 66, 72, 74, 75, 77, 90, 97, 106, 109, 112, 120, 124, 125, 127, 129, 136, 139, 141, 145, 152, 162, 166

transcendência na imanência 119, 120

transferência XXXV, 19, 54, 55, 56, 58, 59, 60, 82
histérica 54
obsessiva 54

transmissão XXXIV, XXXIX, 45, 73, 94, 131

tratamento
pela decifração XXIX
standard da psicanálise XXIX

trauma XIV, XXXIII, 1, 20, 23, 36

traumatismo XIV, 20

Traumdeutung 37

travessia do fantasma 53, 66, 73

Tréville, M. de 162

Twitter 116

U

último ensino de Lacan XIV, 138

Unheimlich 8, 14, 102

universo infinito XV

V

vazio mediano 137

verdade XVI, XIX, XX, XXV, XXXV, 2, 3, 5, 6, 7, 12, 13, 16, 18, 22, 27, 28, 45, 46, 50, 56, 59, 69, 70, 71, 72, 77, 80, 81, 82, 89, 106, 119, 123, 124, 130, 132, 147, 151, 153, 161
científica XVI
correspondencial 80, 81
histórica 3
lógica XVI
por coerência 80, 81
pragmática 80, 81

vergonha XXXIV, XXXVIII, 121, 122, 163, 164

verticalidade das identificações 105

Verwerfung XX, 60

Vincent Van Gogh 117

vírus 31
  do laço social 106
vis maior, a força maior 18
vontade 17, 20, 59, 134, 147, 151,
    153